다시,
사람을 배웁니다

일러두기

이 책은 저자가 2023년 5월부터 2025년 11월까지 주간지 《주간경향》에 연재한 원고를 바탕으로 새로 다듬고 더해 쓴 글들을 모은 것이다.

강원국 지음

다시, 사람을 배웁니다

잘 익어가는 인생을 위한
강원국의 관계 공부

웅진지식하우스

추천의 글

●○ 내가 평생 공부한 생태학은 생태계 구성원 간의 관계 맺음의 원리와 실태를 연구하는 학문이다. 관계에는 기본적으로 네 유형이 있다. 경쟁 또는 협력, 그리고 그 틈새를 비집는 포식과 기생.

강원국 작가는 인간 생태계에도 이 모든 유형의 관계들이 적나라하게 벌어짐을 예리하고도 섬세한 시선으로 포착해낸다. 그는 인간관계는 모름지기 막히거나 고이지 않고, 끊임없이 더 낮은 곳을 향해 흘러가는 강물 같아야 한다고 말한다. 사람들 사이에 있는 섬들을 강물이 이어준다. 섬에 가고 싶으면, 물처럼 흘러야 한다.

하지만 자연계에서 비버를 제외하곤 애써 댐까지 만들어가며 흐르는 강물을 멈춰 세우는 유일한 동물, 인간! 그럼에도 불구하고 이 책 곳곳에는 인간의 소중한 심성이 드러나 있다. 관심, 진심, 겸손, 경청, 소통, 공감, 존중, 용서, 신뢰, 배려……. 나는 이 아름다운 마음의 힘에 우리의 미래를 맡긴다.

— 최재천(이화여자대학교 에코과학부 명예교수, 생명다양성재단 이사장)

●○ 사람의 생각은 이렇게 통한다. 몇 해 전 여러 책에서 좋은 말하기의 태도와 방법에 관해 이야기한 강원국 작가. 비슷한 시기에 나도 편하게 말하자는 취지의 책을 쓴 적이 있다.
이번에는 사람과 사람 사이다. 얼마 전 내가 세대 간 관계와 공감에 관한 책을 펴냈는데, 강원국 작가도 어른들 관계로 글을 묶어 내신단다. 이쯤 되면 이건 우리 세대에 꼭 필요한 이야기가 아닐까.
우리는 살기에 급급했다. 공부하고 취직하고 일하면서 참 열심히도 살았다. 어떻게 살아야 하는지, 어떻게 관계를 맺어야 하는지 모른 채. 그래서 그렇게 상처받고 부대끼며 아파했는지 모른다. 그렇다면 이제는 제대로 배워보자. 이 책을 통해 나를 돌아보고 관계를 짚어보면서 '사회화'의 꺼풀을 벗고 진정한 '나 삶'을 잘 살아내시기를 응원해본다.

—**이금희**(방송인,『공감에 관하여』 저자)

사람이 사람에게 배운다

사람 사이에는 보이지 않는 강이 흐른다. 어디로 가는지도 모른 채 그저 흐른다. 쉼 없이 흐른다. 낮은 곳을 만나면 채우고, 바위에 부딪히면 돌아가고, 다시 흘러 언젠가는 바다에 닿는다. 어떤 강은 잔잔히 흐르며 마음을 적시고, 어떤 강은 거칠게 부딪혀 상처를 남긴다. 우리는 그 관계의 강을 건너며 살아간다. 때로는 더 쉽게 가려 다리를 놓고, 때로는 강가에 앉아 그리움을 곱씹으면서.

쉰 살이 되던 해, 문득 깨달았다. 수많은 사람과 관계를 맺으며 살아왔지만, 정작 '관계'에 관해 제대로 배운 적이 없다. 소중한 사람과 더 깊이 관계 맺는 법, 싫은 사람과 어울려 일하는 법, 무너진 관계를 회복하는 법을 배우지 못했다. 학교에서도 직장에서도 누구 하나 가르쳐주지 않았다. 그저 부딪히고 상처를 주고받으면서 배워왔을 뿐이다.

관계만큼 중요한 것도 없다. 사람은 일생을 관계 속에서 산다. 우리의 일상은 누군가와 얽히고 부딪히고 나누며 이어진다. 사랑도 우정도 관계 속에서 피어나고, 상처도 거기에서 비롯한다. 마음을 다해도 어긋나고, 노력해도 멀어질 때가 있다. 말 한마디가 벽을 만들고, 사소한 오해가 깊은 골을 남긴다. 사람이 가장 어렵다. 사람 때문에 힘들고 사람 덕에 버틴다. 결국 삶은 관계의 흔적들로 이뤄진다. 함께 웃었던 사람, 서운했던 말, 미처 전하지 못한 안부……. 그 모든 것이 나를 만들었다.

오랜 시간 사람들 사이에서 일했다. 한때는 권력의 중심에서 복잡한 관계를 목격하고 많은 사람의 말과 글을 다루며, 기쁨을 나누는 찬란한 관계부터 아픔을 남기는 쓰라린 이별까지 인간관계의 본질을 관찰했다. 누군가의 생각을 글로 옮기고 그 글이 사람들의 마음을 움직이는 과정을 지켜봤다. 그러면서 알게 됐다. 결국 모든 말과 글 뒤에는 관계가 있다는 것을. 그리고 우리 삶의 행복과 불행, 성공과 실패가 관계에서 비롯한다는 것을. 완벽한 관계는 없을지라도 더 나은 관계를 만들어갈 수는 있다는 사실을.

젊은 시절에는 관계의 양을 늘리는 데만 급급했다. 더 많은 사람을 만나고 더 넓은 인맥을 갖는 것이 성공의 열쇠라고 믿었다. 시간이 흐른 뒤 깨달았다. 상처받지 않는 관계는 없다. 우리에게 필요한 것은 관계의 확장이 아니라 상처를 극복하고 다시 손을 내미는 마음 근력이다.

● ○

관계는 풀기 힘든 숙제다. 나이가 든 뒤에 관계를 돌아보자니 질문들이 쏟아졌다. 가까웠던 사람과 어느 순간 멀어지는 이유는 무엇일까? 오래가는 관계의 비결은 뭘까? 왜 어떤 사람은 만날수록 편안하고, 어떤 사람은 만날수록 피곤할까? 잘 헤어지는 방법은 무엇일까? 상처받은 관계를 어떻게 회복할 수 있을까? 무엇보다 나는 어떤 사람인가? 이 질문들 앞에 나는 몇 번씩 멈춰 서곤 했다.

『다시, 사람을 배웁니다』는 이 물음표들에서 시작됐다. 미리 고백하건대, 이 책에 정답이 담겨 있지는 않다. 내가 겪은 사람 이야기이자 내가 배운 관계 공부의 결과를 성실하고 알뜰하게 담아냈을 뿐이다. 읽다 보면 오히려 의문이 들 것이다.

'도대체 어떻게 관계를 맺어야 하는가.'

그 답에 대해서는 나 역시 여전히 배우는 중이다. 완벽한 관계를 맺는 법이 아니라 불완전한 관계 속에서도 성장하는 법을 배워가고 있다.

책을 쓰면서 사람 때문에 고민하고 사람 덕분에 위로받았던 시간, 험담에 휘둘리고 거절을 못 해 힘들었던 일들, 사람에게 지쳐 등을 돌리고 싶었던 순간들이 떠올랐다. 잠시 멈춰 자신과 대화하는 기회를 가졌다. 그 모든 시간 속에서 나는 조금씩 어른답게 관계 맺는 법을 배웠다. 사람을 배우고, 자신을 배웠다.

이 책을 펼친 이에게 전하고픈 말을 하나만 꼽으라면 주저 없이 말할 수 있다. 흐르는 강물처럼 살자. 막히지 않고, 고이지 않고, 자연스럽게 흘러가는 강물처럼. 나를 지키되 상대를 존중하고, 때때로 멀어질 줄도 알며, 무엇보다 스스로를 잘 돌보는 단단하고 평화로운 관계로 나아가기를 소망한다. 그것이 우리가 함께 나아갈 '사람 공부'의 길이다.

2025년 겨울의 끝자락에서
강원국

시간이 흐른 뒤 깨달았다.
상처받지 않는 관계는 없다.
우리에게 필요한 것은 관계의 확장이 아니라
상처를 극복하고 다시 손을 내미는 마음 근력이다.

차례

추천의 글 4

들어가며 ●○ 사람이 사람에게 배운다 7

1장 중심
어른의 관계에는 기준이 필요하다

●○ 스스로 길을 만들며 흐르는 강물처럼 19
●○ '우리'는 언제 행복한가? 27
●○ 자존감 낮은 사람의 험담 다루는 법 34
●○ 외로움은 숙명이다 41
●○ 고슴도치의 딜레마 앞에서 48
●○ 오십, 나를 사랑하는 법을 배우다 56

2장 경계
가까워질수록 필요한 '사이의 기술'

●○ 싫은 사람과 더불어 사는 법 67
●○ 타인이 '지옥'이 되지 않게 하려면 73
●○ 피할 것인가, 함께할 것인가 81
●○ 편한 사람이 아닌 '편안한' 사람 88
●○ 감정의 파도 위에 올라서라 95

3장

리더십

잘 익어가는 어른의 영향력

●○ 나는 괜찮은 어른이 됐는가 107

●○ 경쟁적 협력 관계로 이끌어라 115

●○ 강자의 덕목과 약자의 덕목 121

●○ 평판, 관계의 출발점이자 종착점 128

●○ 인맥 관리가 아닌 인복 관리 136

●○ 내게 필요한 사람을 알아보는 눈 143

4장

여유

오래가는 관계의 조건

●○ 지나온 다리를 불사르지 말라 155

●○ 대화에 임하는 자세에 관하여 163

●○ 여유가 만드는 인간의 품격 171

●○ 잘 듣는 사람이 인생을 바꾼다 177

●○ 말과 글이 흐르는 관계의 낙원 186

5장 결단력

잘 끊는 것이 더 어렵다

●○ 거절, 삶의 지경을 지키는 수단 195

●○ 잘 살고 싶다면 잘 헤어져라 201

●○ 인간관계에도 가지치기가 필요하다 209

●○ 나는 비교를 거부한다 216

●○ 포용의 용기가 빛나는 순간 223

6장 회복

관계를 지키는 마음 근력

●○ 그 한 사람이 있는가? 235

●○ 상처를 내버려두지 말 것 243

●○ 아흔다섯 아버지가 예순의 아들에게 250

●○ 가면을 내려놓으면 일어나는 일들 257

●○ 관계를 살리는 작은 습관들 264

●○ 다름을 견디는 힘이 관계를 완성한다 270

나가며 ●○ 사람은 사람으로 깊어진다 279

1장

중심

어른의 관계에는 기준이 필요하다

스스로 길을 만들며 흐르는 강물처럼

나는 혼밥을 하지 못한다. 혼자 테이블을 독차지하는 것도 눈치 보이고, 남들이 '저 사람은 같이 밥 먹을 사람도 없나 봐'라고 수군댈까 봐서다. 물론 대부분 사람은 나에게 관심이 없다는 걸 안다. 하지만 그건 중요하지 않다. 그들의 실제 평가가 무엇이든 그들이 평가하고 있을지 모른다는 그 생각이 나를 불안하게 한다.

대니얼 길버트Daniel Gilbert 하버드대학교 심리학과 교수도 『행복에 걸려 비틀거리다』에서 이렇게 말했다.

"사람들은 실제보다 '남이 나를 어떻게 볼까'라는 상상에서 더 많은 스트레스를 받는 경향이 있다."

누구나 남을 의식하며 산다. 하지만 의식의 강도는 자신과 타인 가운데 어디에 더 비중을 두느냐에 따라 차이가 난다. 나는 타인에 무게중심을 두는 편이다.

● ○

나 같은 사람의 특징이 있다. 우선, 남들의 시선에 민감하다. '내'가 아닌 '남들'의 평가가 중요하다. 남들이 인정할 만한 직업을 가지려 노력하고, 남들이 부러워할 만한 모습으로 살아가려 애쓴다. 그러다 보면 어느새 내가 하고 싶은 것은 무엇인지, 나는 무엇을 좋아하는지 모른 채 살게 된다. 실제로 내 나이 쉰 살에 직장에서 밀려났을 때, 나는 할 줄 아는 게 아무것도 없었고 내가 누구인지도 알지 못했다.

나는 또한 원래의 나보다 더 나은 모습을 보여주려고 노력한다. 민낯을 보여주는 걸 극도로 꺼린다. 얼핏 보면 예의 바른 사람 같지만 이는 남을 배려해서가 아니다. 스스로 자신이 없어서다. 자신감이 부족할수록 남의 기대에 부응하고자 한다. 자신의 본모습보다는 남이 원하는 모습을 보여줌으로써 상대를 만족시키고, 그 대가로 인정과 보상을 받아낸다. 그리고 이 모든 것은, 그렇게 사는 게 인간의 도리이기 때문이라고 위안 삼는다.

그런 나는 새로운 도전도 주저한다. 실패하면 남들이 비웃을지 몰라서다. 그래서 양보와 사양을 잘한다. 마치 호의를 베푸는 사람처럼 행동한다. 나는 어릴 적부터 '이기적'이란 말이 가장 싫었다. 이기적이라고 낙인찍히면 주변의 미움을 사 무리에서 도태될까 두려워서다.

여기에 더해 양보가 결국은 이익이란 걸 알게 됐다. 내가 먼저 겸양의 자세를 취하면 더 많은 걸 돌려받는다는 사실을 깨달았다. 그래서 직장생활을 하는 동안 누구나 탐내는 일은 스스로 멀리했다. 내 능력에 부치기도 했거니와, 그런 일을 하겠다고 나서면 남들의 눈총을 받기에 그랬다. 그런 나를 보고 사람들은 '욕심이 없다', '겸손하다'며 칭찬했다. 그리고 많은 경우 누구나 탐내는 그 일은 돌고 돌아 내 차지가 되곤 했다.

남을 의식하며 사는 삶이 좋을 때가 있다. 나는 남을 의식하며 자극받는다. 나보다 열심히 살아가는 사람을 보면 동기부여가 된다. 의식하지 않으면 자극이 없다. 자극이 없으면 반응도 없다. 반응이 없다는 건 죽은 것 아니겠는가. 첫 직장 대우증권 홍보실에 다닐 적에는 가족 같은 분위기에서 즐겁게 일했다. 관계는 안정적이었고, 내 자리를 위협받지도 않았다. 당시 나는 그들을 의식하지 않았다. 그러다 대우그룹 기획조정실 홍보 조직에 가게 됐다. 그곳에는 여러 계열사에서 뽑혀 온 전문가들이 모여 있었다. 나는 비로소 사람들을 의식하기 시작했다. 어떻게든 살아남아야 했기에 실력을 키우기 위해 애를 썼다.

남을 의식하지 않으면 내가 어디쯤 가고 있는지, 무엇을 해야 하는지 알기도 어렵다. 청와대에서 일할 때 나는 내 신분을 잊지 않으려고 했다. 본시 공무원이었던 '늘공'과 어쩌다 공무원이 된 '어공', 그리고 '실세' 사이에서 눈치를 보며 유능한 어공으로 자리매김하고자 했다. 함께 살아가는 곳에는 각자의 포지션이 있다. 그 본분을 지켜야 한다. 남을 의식하지 않는 사람은 자신이 어느 위치에서 어떤 구실을 해야 하는지 잘 모른다.

남을 의식하지 않으면 새로운 걸 만들어낼 수도 없다. 타인에 대한 의식은 창조의 원천이다. 나는 다른 사람과의 차이를 눈여겨본다. 그와 나는 무엇이 같고 무엇이 다른지, 각기 갖고 있는 장단점은 무엇인지 파악한다. 그리고 그와 나의 것을 연결하고 융합해서 더 나은 결과물을 만들어낸다.

무엇보다 남을 의식하는 건 스스로 분발하게 한다. 남을 의식하지 않는 인생은 혼자 달리는 마라톤과 같다. 내가 지금 어느 속도로 달리고 있는지, 좀 더 속도를 내야 하는지 이대로 달리면 되는지 알 수 없다. 경쟁의식은 남을 의식하는 데서 싹튼다.

남을 의식하는 삶은 만나는 사람에 따라 운명이 결정될 확률이 높다. 따라서 나 같은 이들에게는 어떤 사람을 만나는지가 중요하다. 대학 시절 배운 내용 가운데 마키아벨리의 『군주론』 속 개념인 '포르투나Fortuna(운명의 여신)'가 유독 잊히지 않는 것도 그래서일 것이다.

● ○

신입사원 시절 첫 번째 맡겨진 일이 사사社史를 쓰는 것이었다. 그 글을 쓰라고 지시한 상사가 말했다.

"이 책은 아무도 읽지 않으니 잘 쓰지 못해도 된다."

이 말에 용기를 얻어 쓴 책이 『대우증권 20년사』다. 실제로 그 책을 읽은 사람은 거의 없었지만, 나는 그 책을 쓴 이후 '글 잘 쓰는 사람'이 됐다. 그것이 인연이 돼 결국 회장과 대통령의 글을 쓰게 됐다. 그때 알았다. 남이 나를 어떤 사람으로 인식하는지가 얼마나 중요한지. '대우증권 사사'가 내 운명의 첫 단추였고, 나의 포르투나였던 셈이다.

나이를 먹어가면서 남을 의식하는 강도가 점차 옅어지는 걸 느낀다. 직장에 다니지 않는 것도 영향을 미쳤을 테고, 누군가의 말처럼 "내가 뭘 해도 열 명 중 여섯 명은 관심이 없고, 두 명은 나를 싫어하고, 두 명만 좋아한다"라는 사실을 알아버린 탓도 있다.

나는 평생 남의 눈치를 보며 살았다. 그런 삶이 주는 혜택이 있고, 실제로 '눈치 본 덕'을 많이 보기도 했다. 하지만 이상하게도 아들은 그렇게 살지 않았으면 한다. 타인의 평가나 기대에서 벗어나 자유롭게 살았으면 좋겠다. 자신을 있는 그대로 보여주며 살아도 된다. 자신의 능력과 가치를 확인하기 위해 타인과 비교하지 않아도 된다. 비교는 '비'참하게 하거나 '교'만하게 할 뿐이라고 하지 않는가.

그렇다고 남을 의식하지 않고 산다는 것이 다른 사람을 무시하거나 배려하지 않는다는 의미는 아니다. 주도적 삶을 위해 관계를 등한시해도 된다는 뜻 역시 아니다. 독불장군이 되거나 이기적인 삶을 살라는 뜻은 더더욱 아니다.

다만 자율과 관계라는 어찌 보면 상충하는 가치 사이에서 균형을 맞춰가면 좋겠다. 자율성을 누리기 위해 남을 배제하는 게 아니라 타인의 의견을 듣되 맹목적으로 따르지 않고, 남과의 조화를 추구하되 내면의 가치관과 원칙에 따라 중심을 지켜가길 바란다. 그러기 위해서는 스스로의 기준을 분명하게 세워야 한다. 그 기준에 따라 뚜벅뚜벅 자기 길을 걸어가야 한다. 그런 걸음걸음이 남들에게 용기와 희망을 줬으면 좋겠다.

강물은 산과 돌을 만나도 스스로 길을 만들어 흘러간다. 남을 의식하지 않는 삶은 그 강물처럼, 외부의 장애물을 만나도 자기 길을 찾아간다. 굽이쳐 흐르지만 끝내 바다를 포기하지 않는다.

강물은 산과 돌을 만나도
스스로 길을 만들어 흘러간다.
남을 의식하지 않는 삶은 그 강물처럼,
외부의 장애물을 만나도 자기 길을 찾아간다.
굽이쳐 흐르지만 끝내 바다를 포기하지 않는다.

'우리'는 언제 행복한가?

유시민 작가가 오래전에 이런 말을 한 적 있다.

> "나는 좋아하는 사람과 맛있는 걸 먹을 때 가장 큰 행복감을 느껴요."

사람 만나 얘기 나누는 걸 좋아하고 맛있는 음식을 즐기는 그로선 그럴 만하다고 생각했다.

아리스토텔레스는 『니코마코스 윤리학』에서 모든 인간은 행복을 추구한다고 했다. 그리고 행복은 탁월함arete을 추구함으로써 가능하다고 말한다. 탁월함에는 지적 탁월함theoria과 성격적 탁월함praxis이 있는데 지적 탁월함, 즉 지혜나 통찰 같은 것은 배움에서 생기고 성격적 탁월함, 즉 관용이나 절제 같은 덕성은 습관에서 얻어진다고 했다.

탁월함을 향해 나아갈 때 행복하다니, 이게 무슨 말일까? 왜 인간은 탁월함을 좇으려고 할까? 오래 고민했던 이 질문에 대한 답을 서은국 연세대학교 심리학과 교수의 책 『행복의 기원』에서 찾았다. 사람은 생존에 유리한 환경에서 또는 생존율을 높이는 일을 할 때 행복감을 느낀다는 것이다.

● ○

인간은 유전자의 조합이고, 유전자가 가진 단 하나의 사명은 생존이다. 살아남는 게 가장 중요하고, 번식을 통해 자기 유전자를 재생산함으로써 생존을 이어가고자 한다. 따라서 생존율을 높이는 일을 할 때 행복하다. 생존율을 높이는 일에서 행복을 느끼지 못한다면 그런 일을 기피할 것이고, 그러면 살아남을 확률이 낮아질 것이기에 그렇다. 그러니까 생존율을 높이는 일을 할 때 그 보상으로 행복감을 느끼게 해준다. 행복이 생존을 위한 도구나 수단으로 쓰이는 것이다.

우리가 '공부'하는 이유도 살아남기 위해서다. 아는 사람이 모르는 사람보다, 할 수 있는 사람이 못 하는 사람보다 생존율이 높다. 살아가기 위해서는 알아야 하고 할 수 있어야 한다. 그래서 우리는 태어나서부터 말을 배우고 걸음마를 떼고, 밥 먹는 법과 옷 입는 법을 익혔다. 학교에 가서 지식과 기술을 익히고, 직장에 들어가서 상사를 본받아 따르면서 배운다. 또한 스스로 경험하면서 알고 깨친다.

공부는 기억을 쌓고 확장하는 일이다. 기억에는 의미 기억, 일화 기억, 절차 기억이 있다. 개념이나 공식같이 학교에서 배우는 거의 모든 것은 의미 기억이다. 일화 기억은 각자의 경험에서 깨닫고 알게 된 기억이다. 의미 기억을 많이 갖고 있으면 학교 다닐 적에 공부 잘한다는 소릴 듣는다. 의미 기억은 많지만 일화 기억이 부족하면 '일머리가 없다', '책상물림이다' 같은 말을 들을 수 있다. 학교와 직장에서 살아남는 데 가장 필요한 게 이런 기억이다. 의미 기억이 지식이라면 일화 기억은 지혜에 해당한다고 할 수 있다.

절차 기억은 범위가 더 넓다. 계단을 오르고, 자전거를 타고, 수영을 하고, 음식을 만들고, 악기를 다루는 일 모두 절차 기억이 있기에 가능하다. 남들이 갖고 있지 못한 절차 기억을 많이 가지면 생존율이 높아진다.

아리스토텔레스가 탁월함을 말한 것도 이런 기억의 축적과 확장이 아닐까 싶다. 우리는 일과 관계 속에서 산다. 일을 잘하고 관계가 좋을수록 생존할 확률이 높아진다. 기억으로 쌓은 '지적 탁월함'으로 일을 잘하고 관용이나 절제와 같은 '성격적 탁월함'으로 좋은 관계를 만들어가면 생존율이 높아진다. 이렇게 생존율을 높이는 일에서 우리는 행복감을 느낀다.

고등학생들을 대상으로 강의할 때 여기까지 말하면 똑똑한 친구는 이렇게 질문한다.

> "인간은 생존율을 높이는 일을 할 때 행복하고 공부는 생존율을 높이는 일이라고 했는데, 왜 우리는 공부할 때 행복하지 않나요?"

그에 대한 답을 나는 쉰 살 넘어 공부하면서 알았다. 학창시절 공부는 어찌 보면 관계를 해친다. 친구에게 도움을 주기는커녕 친구를 이겨야 할 대상으로 두고 경쟁하는 공부이기 때문이다. 인간은 무언가를 알고 익혔을 때와 남과의 관계가 좋을 때 행복하다. 그런데 알고 익히는 공부가 관계를 해치는 방식으로 이뤄지므로 행복감을 느끼기 어려운 것이다. 서로 돕고 서로에게 배우면서 함께 알아가는 과정으로서의 공부를 해야 한다. 각자 읽고 들은 후 자기만 시험을 잘 보기 위한 공부에서 읽고 들은 걸 친구에게 말하고 글로 써서 알려주며 함께 시험을 잘 보는 쪽으로 바꾸면 응당 공부에서 희열에 가까운 행복을 느낄 수 있다.

나는 어렸을 적부터 두 가지 경우에 내가 위험해진다고 생각했다. 하나는 실력이 없을 때다. 실력이 부족하면 낙오하거나 내 역할이 축소된다. 내 존재 의미를 잃게 된다. 그래서 나는 되도록 말을 삼갔다. 말을 통해 내 실력이 드러나기 때문이다. 결국 실력이란 것도 남의 평가와 남과의 비교에서 그 수준이 정해진다. 남들이 내 실력이 얼마인지 알지 못하면 나의 실력 없음은 내 생존율에 영향을 끼치지 못한다. 나는 말하는 대신 남의 말을 잘 들었고, 내 부족한 실력을 시간으로 메워서 남들이 기대한 결과물을 만들어내려고 애썼다. 그렇게 버티고 이겨냈다.

내가 위험해지는 또 하나의 경우는 관계가 나빠졌을 때다. 윗사람의 미움을 받거나 주변에 적이 많아지면 위험해진다. 나는 주변 사람들이 나를 싫어하지 않게끔 노력했다. 남의 험담을 삼가고, 되도록 거절하지 않았다. 남들이 내게 요구하고 기대하는 걸 어떻게든 들어주려고 했다. 이렇게 비위를 맞춰주면 관계로 인한 위험을 초래하지 않을 뿐 아니라 남들의 인정을 받을 수 있었다.

● ○

요즘도 나는 남에게 좋은 평가를 받을 때 기분이 좋다. 하지만 여기에 머물지 않고 이제는 스스로 성취감과 만족감을 느끼려고 힘쓴다. 남의 평가에 기대 남의 인정을 구하며 살기에는 나이도 많고, 직장을 다니지 않으면서부터는 그런 인정을 구걸할 대상도 사라졌기 때문이다. 그래서 직장 다닐 적에 비해 행복한 순간이 많아졌다.

그리고 이런 행복을 맛보기 위해서는 몇 가지 조건이 있다는 사실을 깨달았다. 첫째, 관심을 갖고 집중하는 게 있어야 한다. 둘째, 그것이 다른 사람의 반응을 유발하는 것이어야 한다. 셋째, 그 반응을 확인하고 측정할 수 있어야 한다. 넷째, 상대의 반응이나 자신의 평가를 향상시키겠다는 마음을 가져야 한다. 다섯째, 향상시키기 위한 실질적인 노력을 기울여야 한다. 여섯째, 나의 성장이 남에게도 도움이 되고 유익해야 한다. 자신이 좋아하고 잘하는 것에 빠져 있을 때 '덕질'한다고 한다. 이런 '덕질'이 밥벌이가 되면 '덕업일치'의 삶이 되고, 또 이런 삶이 남들에게도 유용하면 그야말로 행복한 삶이 된다.

원시시대에 사람이 생존을 위협받는 가장 위험한 순간은 언제였을까. 먹을 게 없을 때와 혼자일 때였을 것이다. 먹을 게 없으면 굶어 죽고, 무리에서 내쳐져 혼자 있으면 맹수의 밥이 됐으니까. 혼자서는 사냥하기도 어려웠다. 번식도 불가능했다. 그래서 우리는 아직도 외로움을 느낀다. 가끔은 혼자 있는 게 무섭기도 하다.

2012년, 하버드대학교의 신경과학자 다이애나 타미르Diana Tamir와 제이슨 미첼Jason Mitchell은 자기공명영상장치fMRI를 통해 실험 참가자 195명의 뇌를 관찰했다. 그랬더니 자기 이야기를 할 때 활성화되는 뇌 부위가 음식을 먹거나 돈이 생겼을 때 활성화되는 영역과 일치했다. 사람들은 누군가와 이야기할 때 맛있는 음식을 먹을 때와 같은 행복감을 느낀다는 것이다. 그러니 유시민 작가가 좋은 사람과 만나 맛있는 걸 먹을 때 행복감을 느낀다고 한 건 당연한 결과다. 그가 식사를 하며 나눈 대화 또한 사람들과 함께하는 공부였으리라.

자존감 낮은 사람의 험담 다루는 법

나는 노력한 것보다 좋은 학교에 갔다. 능력에 비해 좋은 직장에서 일했다. 운이 좋았다고 치부하기에는 부족한, 분에 넘치는 대접을 받았다. 남들이 아는 나와 실제의 나는 차이가 컸다. 그 차이만큼 나의 자존감은 낮아질 수밖에 없었다. 하지만 자존감이 낮은 게 인간관계에 도움이 될 때도 있다.

나 같은 사람은 대인관계가 좋다. 이유는 세 가지다. 우선, 자신의 수준이나 역량을 낮게 보기 때문에 겸손하다. 보잘것 없는 자신을 보여주기 싫어 스스로를 낮추니 저절로 상대를 높이게 된다. 이를 싫어할 사람은 없다. 특히 나는 김우중 회장, 김대중 대통령, 노무현 대통령 등 범접하기 어려운 분들을 모시면서 본시 낮았던 자존감이 더 낮아졌고, 겸손하지 않으려야 않을 수가 없었다.

한편, 자신의 가치를 낮게 보는 사람은 부족한 부분을 남에게 들키지 않을까 늘 불안한 상태에 있다. 그래서 모자라는 부분을 남의 인정으로 채우려 한다. 약물 중독자가 갈수록 더 독한 약물을 필요로 하듯, 인정 중독에 빠지면 더 강한 칭찬과 인정을 갈구한다. 인정받지 못했을 때 나타나는 금단현상 때문에 더욱 남의 인정에 목매게 된다. 생각해보라. 인정을 베푸는 사람 입장에서 자기 눈에 들기 위해 애면글면하고, 눈 밖에 나지 않으려고 전전긍긍하는 사람을 미워할 턱이 있겠는가. 자존감 낮은 본인은 또 어떤가. 자신의 본모습을 들키지 않았으니 다행이고, 자기 수준보다 더 나은 대접을 받았으니 얼마나 감사한가. 그러니 다른 사람과의 관계가 기쁘고 고마울 수밖에 없다.

마지막으로, 자존감이 낮은 사람은 자기효능감도 낮아 매사에 자신이 없다. 자신이 없으므로 기회가 와도 사양하고 양보한다. 그 기회를 잡았다가 자신의 본색이 드러나는 게 두렵기 때문이다. 양보한 기회는 남에게 돌아가고, 그 기회를 얻은 사람과의 관계가 돈독해진다. 단지 자신이 없어 욕심을 내려놓은 것뿐인데 겸손하고 타인을 배려하는 사람으로 등극한다. 몇 해 전 모 방송국에서 저녁 퇴근길 시사 프로그램 진행을 제안받았다. 실전 테스트까지 받고 합격했지만, 하루이틀 고민하다 고사했다. 도저히 자신이 없었다. 그 자리는 다른 사람으로 채워졌고, 시간이 흐른 뒤 또 다른 방송국에서 비슷한 제안이 왔다. 제안을 고사했다는 사실이 방송가에 풍문처럼 나돌아 새로운 제안을 해준 방송국에도 알려졌고, 그로 인해 나에 대해 호감을 갖게 됐다고 했다. 낮은 자존감이 낳은 겸양이 새로운 관계를 불러온 셈이다.

● ○

나처럼 자존감이 낮은 사람은 겸손하고, 인정받으려 하고, 양보하는 것 외에 대인관계에서 또 하나의 장점이 있다. 바로 험담을 하지 않는 것이다. 자존감이 낮은 사람은 모든 사람과 좋은 관계를 맺으려 한다. 단 한 사람이라도 불편한 관계에 있으면 그 상황을 견디기가 힘들다. 특히 나는 위험을 자초할 만큼 배짱이 두둑한 사람이 못 된다. 그래서 애초에 험담을 하지 않는 것이다. 나에 대해 속속들이 알고 있는 아내가 내게 하는 거의 유일한 칭찬도 "당신은 정말 남의 뒷담화를 안

하는 사람이야"다.

험담은 왜 하는가. 심심풀이와 스트레스 해소를 위해, 혹은 제3자에 대한 정보 교환 용도로, 또는 공동의 적을 만들어 우리는 같은 편이란 걸 확인하기 위해, 그리고 당사자에게 직접 하기 어려운 말을 우회해서 전하려는 목적에서다.

이유가 무엇이든 험담은 반드시 그 대상자의 귀에 들어가게 돼 있다. 그 과정은 단순하다. 험담을 들은 사람도 같은 생각을 하고 있었다면 평소 그 이야기를 험담 대상자에게 하고 싶었을 것이다. 그런데 마침 험담한 사람이란 방패막이가 생겼다. 이제 제3자의 입장에서 자기 생각이 아닌 것처럼 말할 수 있게 됐다. 차도살인借刀殺人, 즉 남의 칼을 빌려 죽이는 것이다. 당연히 험담한 사람과 험담 대상자는 불구대천지원수不俱戴天之怨讐가 된다.

험담한 사람과 험담을 전한 사람의 관계 역시 망가진다. 험담한 사람은 그걸 듣는 사람이 자기편이라고 생각해서, 비밀을 지켜줄 것으로 믿고 말했을 것이다. "맞아, 맞아" 하며 들을 때는 언제고, 쪼르르 달려가 일러바치다니. 그렇게 양다리를 걸치는 기회주의자는 용서하기 어렵다.

그렇다면 험담을 들은 사람은 험담을 전한 사람을 어떻게 볼까? 입이 싸고 못 믿을 사람, 언제든 내 말도 다른 데 옮길 사람으로 본다. 결코 좋은 감정을 갖지 않는다.

중국 송나라 유학자인 주자가 말했다. 험담하는 사람은 경망하고, 맞장구치는 사람은 비겁하며, 험담을 전하는 사람은 비열한 사람이라고. 험담은 이렇게 여럿을 나쁜 사람으로 만든다. 그리고 관계를 망친다.

●○

험담도 해악의 정도에 따라 여러 유형으로 나눌 수 있다. 먼저 유명하거나 인기 있는 사람에 관해 얘기하는 경우다. 어디서 들은 얘기를 악의 없이 전하는 유형이다. 사실이라면 문제 될 게 없다. 하지만 왜곡하거나 과장하면 악담이 되는데, 이것은 문제다. 비방할 의도가 없었더라도 사안이 심각하면 법적인 문제로까지 비화할 수 있다.

다음으로, 직장에서 주로 이뤄지는 윗사람 뒷담화 유형이다. 당사자에게 대놓고 할 수 없는 말을 동료들끼리 주고받으면서 스트레스를 푼다. 하소연 품앗이라고나 할까. 며느리들이 모여 시어머니 흉을 보고, 부인들이 모여 남편 성토대회를 하는 것도 여기에 해당한다. 이런 험담은 큰 해를 끼치지는 않는다. 도리어 험담하는 사람들끼리 우의(?)를 돈독히 하는 효과가 있다.

문제는 헐뜯기다. 누군가를 흠집 내기 위해 사실이 아닌 내용으로 손가락질하는 경우다. 이 유형은 다시 비판, 비난, 비방으로 나눠서 봐야 한다. 사실과 근거를 가지고 잘못된 점을 지적하는 비판은 비록 등 뒤에서 하는 경우라도 권장해야 한다. 비판은 그 대상의 발전을 위해 행한다는 선의를 내포하고 있어서다.

비난은 다르다. 비판이 사실에 바탕을 두는 데 반해, 비난은 비난하는 사람의 판단에 근거한다. 비판은 객관적이지만 비난은 주관적이다. 비판에는 칭찬도 포함될 수 있지만, 비난에는 상대를 깎아내릴 악의만 담겨 있다.

비방은 더 심각하다. 비난이 판단에 근거한다면 비방은 마음에서 비롯한다. 증오와 분노의 감정 말이다. 비방은 없는 얘기까지 지어내는 가장 불순한 험담이다. 심지어 비방은 숨어서 하지도 않는다. 내놓고 한다. 비방하는 대상이 그걸 듣고 괴로워하기를 바라기 때문이다. 실제로 비방은 그 대상에게 심대한 피해를 입힌다. 칼에 베인 상처는 시간이 흐르면 낫지만, 말로 에인 상흔은 세월이 흘러도 아물지 않는다. 당연히, 비방으로 얽힌 관계 역시 돌아올 수 없는 강을 건넌다.

만약 험담의 대상이 됐다면 어떻게 해야 할까? 나는 나를 돌아본다. 내가 왜 입방아에 올랐는지 따져보기 위함이다. 험담한 사람을 공격해서 입을 막아봤자 소용없다. 또 다른 입을 통해 구설은 계속된다. 그 원인을 제공한 나를 바꿔야 한다. 그도 아니면 험담한 사람을 내 편으로 통 크게 끌어안아야 한다. 그래야만 나에 대한 험담이 잦아든다.

외로움은 숙명이다

초등학생 때 전학을 두 번이나 갔다. 친구를 사귈 만하면 학교를 옮겼다. 2학년 때 어머니께서 돌아가신 뒤로는 방과 후 집에 오면 혼자 있는 시간이 많았다. 동네 친구들과 놀고 있을 때도 해 질 녘이면 '밥 먹으라'는 엄마들의 부름에 아이들이 하나둘씩 집으로 돌아가고, 놀이터엔 덩그러니 나 혼자 남았다. 내 외로움은 그렇게 시작됐다.

나는 외로움을 잘 타는 편이다. 볕이 나지 않는 우중충한 날이면, 석양에 노을이 지면 가슴이 뻥 뚫린 듯 아려온다. 중고등학교 때는 새 학년이 되어 이전 학기에 가르쳤던 선생님을 복도에서 만나면 울컥 그리움이 사무쳤다. 지금도 아내가 여행을 떠나 곁에 없으면 허전하다 못해 불안하다. 아니, 1982년 혈혈단신 상경했을 때부터 줄곧 우울하고 쓸쓸했다.

● ○

혼자 밥 먹는 사람이 늘고 있다. 1인 가구도 늘고 있다. 윤고은 작가의 단편 소설 「1인용 식탁」에는 고깃집에 혼자 들어가 당당하게 삼겹살 2인분을 주문하는 장면이 나온다. 나는 그러지 못한다. 1인분을 시키고 식당 주인 눈치를 보며 연신 휴대전화를 들여다보는 척한다. 그런 내가 쓸쓸하다.

혼자 사는 사람만 외로운 게 아니다. 나이 든 사람만 외로운 게 아니다. 요즘 청년들은 더 외로워한다. 우리나라 20대 열 명 중 여섯 명이 외로움을 느낀다는 조사 결과도 있다. 온라인과 오프라인으로 빽빽하게 연결된 네트워크 과잉 시대에 살고 있는 요즘 사람들에게 외로움이라니. 놀랍지만 놀랍지 않다. 우리 삶에서 외로움을 떼어놓을 수 없기 때문이다.

외로움은 인간의 숙명이다. 어머니 자궁 안에서 완전한 충만감을 느끼던 태아는 탯줄이 끊어지며 그 완벽한 세상과 결별한다. 어머니로부터 분리되고 세상에 내던져진 존재가 갖는 서러움. 살면서 문득 느끼는 외로움은 그곳을 그리워하고, 그곳으로 회귀하려는 원초적 욕구 같은 것 아닐까.

'외로움'이란 말로 뭉뚱그려져 있지만, 외로움은 원인과 유형이 다양하다. 누구도 내 마음을 몰라줄 때, 나를 지지하고 응원해주는 사람이 없을 때 느끼는 소외감도 외로움이다. 나를 이해해주는 단 한 사람만 있어도, 아니 스스로를 인정할 수만 있으면 홀로 있어도 외롭지 않은 걸 보면 그렇다.

다른 사람과 연결돼 있지 않다는 고립감도 외로움을 불러온다. 인간은 타인과 연결되지 않으면 불안을 느끼는 존재로 진화해왔다. 주변 사람들 사이에서 배제되고 어딘가에 소속되지 않으면 위태롭다. 모두가 나를 외면하고 주위에 아무도 없다고 느낄 때 외로워한다.

외로움은 무언가 빈 듯 허전한 기분이기도 하다. 결핍이 있거나, 자신이 기대하는 삶의 조건과 실제 생활이 동떨어져 있다고 느낄 때 우리는 외롭다. 외로움은 타인과의 비교에서도 온다. 다른 사람에 비해 부족하다고 느끼거나, 무엇을 빼앗긴 듯한 박탈감이 몰려올 때 우리는 쓸쓸해진다.

외로움은 정신건강에 좋지 않다. 외로움이 깊어지면 불안과 무기력에 빠지고 부정적 신호에 민감하게 반응하면서 더 우울해지는 악순환이 이어진다. 이는 급기야 우울증을 불러오고 극단적인 선택을 할 가능성을 키운다. 신체적으로도 면역력 저하와 함께 각종 질병에 걸릴 확률이 올라간다. 극심한 외로움은 담배 15개비를 피웠을 때와 동일한 수준의 부정적 영향을 끼친다는 조사 결과가 있을 정도다. 그뿐 아니라 기억력과 인지 기능 저하로 창의력, 의사결정 능력이 떨어지고 치매 발병 위험이 커진다.

● ○

이처럼 많은 문제를 야기하는 외로움에 어떻게 대처할 것인가. 외로운 이유가 다양한 만큼 그 외로움을 떨치는 방법도 여러 가지다.

첫째, 외로움을 누구나 겪어야 하는 감정으로 받아들이고 끝까지 함께할 사람은 자신밖에 없다는 마음으로 견딘다. 나는 라디오 프로그램을 진행하러 부스에 들어갈 때마다 혼자라는 사실을 절감했다. 누구도 도와줄 수 없는 절대 고독의 순간. 나는 그때마다 내가 독립적이어서 외로운 것이라고 생각하며 버텼다.

둘째, 관계를 확충한다. 우리 뇌에는 배고픈 상태에서 음식을 봤을 때 활성화되는 영역이 있다. 그런데 이 부위는 외로움을 느낄 때 사람들이 어울리는 모습을 보면 똑같이 활성화된다고 한다. 허기와 외로움, 식욕과 관계 욕구가 같은 맥락에 있는 셈이다. 배고프면 먹어야 하듯 외로우면 관계를 맺어야 한다. 새로운 사람을 만나고, 사람들 속으로 들어가야 한다.

이때 주의할 것은 관계에 과도한 기대를 걸지 말아야 한다는 점이다. 남의 눈에 들기 위해 안간힘 쓰지 않고 남의 눈 밖에 나는 걸 두려워하지 않을 때, 비로소 외롭지 않을 수 있다. 관계에 전적으로 의지해서도 안 된다. 혼자 서는 게 먼저고, 관계는 그다음이다. 혼자 있을 수 있어야 함께할 수도 있는 법이다.

셋째, 심취할 수 있는 대상을 찾는다. 나의 몰입 대상은 글쓰기다. 글 쓰는 일은 세상에서 가장 외로운 일이다. 오직 나의 집중력과 상상력만으로 해내야 한다. 하지만 역설적이게도 글을 쓸 때 나는 외롭지 않다. 대통령 연설비서관 시절, 원고 마감 하루 전날에 저녁을 먹고 들어오면 청와대 본관 2층에는 오롯이 나 혼자였다. 천장은 왜 그리 높고 방은 얼마나 휑한지. 외로움이 두려움으로 몰려왔다. 무엇보다 다음 날 아침까지 원고를 쓸 수 있을지 불안했다. 그럴 때마다 나는 YTN 방송을 묵음으로 켜두고 글을 썼다. 글 쓰는 외로움으로 외로움을 물리쳤다.

독서 또한 개인적 고립에서 벗어나는 데 도움이 된다. 책의 저자 혹은 등장인물과 만나고, 그들의 생각에 맞닿으며 삶을 마주하게 되기 때문이다. 이 밖에도 그림 그리기, 사진 찍기, 등산, 낚시, 악기 다루기 등 혼자 할 수 있는 일은 많다. 이렇게 '나 홀로 취미'를 즐기다 보면 혼자 있다는 생각에서 벗어날 수 있을뿐더러 자연스레 그런 취미를 가진 사람들과 만나게 된다.

넷째, 외로움을 고독으로 승화한다. 독일 신학자 파울 틸리히Paul Tillich는 이런 말을 했다.

> "외로움은 혼자 있는 고통을 의미하지만, 고독은 혼자 있는 즐거움을 뜻한다."

일리 있는 말이다. 고독은 홀로 있어도 편한 상태이고, 외로움은 홀로 있어 느끼는 불편한 감정이다.

우리는 때때로 고독해야 한다. 사람 사이에서 시달릴 때, 주위 사람들에게 지칠 때 고독은 안식처가 된다. 고독한 시간에 우리는 자신을 들여다보고 돌아본다. 자신과 대화하고 스스로에게 다정해진다. 그뿐 아니라 고독 없이 정신적 성장은 있을 수 없다. 경쟁심과 시기심, 우월감과 열등감에 파묻혀 사는 일상은 외롭지 않지만 내면을 피폐하게 한다. 고독할 때 영혼이 성숙해진다.

다섯째, 사회적으로 해결한다. 영국에는 '외로움부 Ministry of Loneliness'라는 정부 부처가 있다. 외로움을 개인의 문제가 아닌 사회적 전염병으로 분류하고 국가 차원에서 관리하는 것이다. 우리나라의 고령화 속도는 세계 1등이다. 앞으로 10년 후에는 혼자 사는 가구가 둘 이상 사는 가구보다 많아질 것이란 전망까지 나온다. 우리나라에서도 국가적 차원의 대처가 필요하다.

어릴 적 텅 빈 놀이터에서 느꼈던 외로움이 지금도 스산하게 다가온다. 하지만 억울하지 않다. 인간은 너나없이 외롭다. 외향적이고 사교적인 사람도 외롭고, 곁에 있어도 보고 싶은 것처럼 사랑할수록 더 외롭다. 외로움은 모두의 숙명이다. 자신을 한 뼘 성장시키는 동력으로 활용해보자.

고슴도치의 딜레마 앞에서

추운 겨울, 고슴도치들이 체온을 나누려 옹기종기 모여들었다. 그런데 너무 가까이 붙으니 서로의 가시에 찔려 상처를 입었고, 그렇다고 멀어지자니 매서운 바람에 얼어 죽을 지경이었다. 고슴도치들은 모이고 찔렸다가 멀어져서 추위에 떨기를 반복했다. 이 고슴도치들은 결국 어떻게 됐을까? 상처 입지 않으면서도 얼어 죽지 않는 방법을 찾았을까?

이 이야기는 독일의 철학자 쇼펜하우어가 처음 언급했다고 전해지는 '고슴도치의 딜레마'라는 우화다. 가까이 다가가지도 멀리 떨어지지도 못하는 관계의 딜레마를 비유적으로 다룬 것이다.

아닌 게 아니라, 인간관계는 딜레마의 연속이다. 어느 쪽을 선택해도 마음에 들지 않는, 그래서 이러지도 저러지도 못하는 상황이 일상에서 끝없이 이어진다.

대부분 직장인은 높은 사람 가까이에 가고자 한다. 그러기 위해선 승진해야 하고, 승진하기 위해선 높은 사람의 눈에 띄어야 한다. 그런데 아이러니하게도 높은 사람의 눈에 띌수록 자리는 위태로워진다. 가까워진 만큼 높은 사람의 기대 수준이 올라가고, 그것을 충족시키기가 어려워지기 때문이다. 회장 눈에 들기 위해 가까이 갔지만, 그로 인해 회장의 눈 밖에 날 확률이 높아지는 상황이 발생한다. 가까이 가서 회장의 인정을 받으려고 해야 하나, 멀찌감치 떨어져 자신의 존재를 모르게 해야 하나. 참으로 난감하다.

● ○

우리는 관계 안에서 위로받고 성장한다. 애정과 신뢰도 관계 속에서 싹트고 돈독해진다. 하지만 관계는 상처도 안긴다. 사람은 알면 알수록 이해가 깊어져 좋아진다. 그 사람이 다소 생뚱맞은 행동을 해도 그로 인해 반감이 들지 않는다.

관계는 점차 깊어지고 상대에 대한 호감도 더해진다. 하지만 가까워질수록 호감과 함께 요구도 커진다. '이 정도는 말 안 해도 알겠지'라면서 당연히 이해받을 것으로 여긴다.

그러나 관계가 언제나 좋을 수만은 없다. 자주 접촉하다 보면 감정이 상하는 일이 벌어진다. 좋아했던 만큼 배신감도 크다. 가족이나 친구, 연인같이 가까운 관계일수록 사소한 말이나 행동에 쉽게 상처받는다. 직장에서도 마찬가지다. 허물없이 지낼수록 서로의 약점이 빈번히 노출돼 실망하기 십상이다. '관계의 역설'이다.

이런 경험을 꼽자면 셀 수 없다. 한번은 친구의 치명적인 약점이 보였다. 솔직히 말했다. 그랬더니 친구는 "너마저 나를 몰라주는 거야?"라며 야속해했다. 그래서 다음부턴 말하지 않았다. 그런데 어느 날 그 약점 탓에 친구가 낭패를 봤고, 충고해주지 않은 내게 섭섭함을 토로했다. 어디까지 솔직해져야 하나. 진실은 관계의 구원이 되기도, 독이 되기도 한다. 솔직함은 관계의 거리를 좁히는 동시에 상처받을 위험을 키운다. 반대로, 침묵하면 안전하지만 관계가 깊어지긴 어렵다. 그렇기에 우리는 솔직함과 침묵 사이에서 갈등할 수밖에 없다.

내 친구 박 군은 늘 져주고 양보하는 사람이다. 남에게 친절을 베풀고, 먼저 미안하다고 말한다. 그런 사람을 싫어할 사람은 없다. 그런데 시간이 흐를수록 사람들은 그의 양보와 배려를 당연하게 받아들였다. 본시 그런 사람이라며 쉽게 여기고 얕보기까지 했다. 그래서 박 군은 받은 만큼 되돌려주는 팃포탯tit for tat 전략으로 호구가 아니란 걸 보여주고자 했다. 그랬더니 변했다는 말을 들었다. "내가 사람을 잘못 봤네"라며 하나둘씩 떠나갔다. 진퇴양난이 아닐 수 없다.

우리 동네 김 씨는 남을 돕지 못해 안달인 사람이다. 동네 대소사에 두 손 걷어붙이고 나선다. 그런데 어느 날부터 김 씨에 관해 "쓸데없이 오지랖이 넓다", "왜 남의 일에 시시콜콜 참견하는 건데?"라며 시비 거는 소리가 들리기 시작했다. 그때부터 그는 주변 돌보기를 그만두었다. 그랬더니 이번엔 왜 그렇게 무심하냐는 질책이 돌아왔다. 도대체 김 씨는 어느 장단에 춤을 춰야 할까. 낄 때 끼고 빠질 때 빠지라는 건데, 그게 어디 말처럼 쉬운가.

● ○

사람을 믿으라고 한다. 마음을 열라고 한다. 옳은 소리다. 하지만 믿는 도끼에 발등 찍히는 경우도 많다. 그렇다고 의심하고 경계하는 것이 능사도 아니다. 원칙을 지키라고 한다.

그런데 원칙에만 충실하면 융통성 없고 고집 세다는 소리를 듣는다. 자신을 존귀하게 여기라는 조언도 마찬가지다. 자신의 가치를 스스로 높일 줄 아는 사람은 종종 겸손하지 못하다는 평을 받는다. 심지어 오만하다는 말까지 듣는다. 어떻게 해야 할지 곤혹스럽다.

이런 딜레마는 또 있다. 무언가를 결심할 때는 혼자서 다짐하지 말고 주변에 적극적으로 알리라고 한다. 금연하겠다고, 술을 끊겠다고, 살을 빼겠다고 공언하라고 한다. 말로 뱉고 타인과 약속하면 그것을 이행할 가능성이 커지는 것은 물론 자기암시 효과도 있기 때문이다. 그래서 최대한 많은 사람에게 얘기했더니 "왜 그렇게 말이 앞서냐"라며 닦아세운다.

의존과 자율 사이의 딜레마도 있다. 너무 의존하면 자아가 약해지고 너무 자율적이면 자아가 외로워진다. 관계가 좋다는 건 의존성이 강해지는 것을 뜻한다. 의존이 서로에게 힘이 되는 건 사실이지만, 지나치면 그 관계가 짐이 된다. 결국 한편으론 관계를 맺고자 하면서 다른 한편으론 관계에서 도망치고 싶어지는, 이율배반적인 상황에 놓인다. 가까워지고 싶은 욕구와 거리를 두고 싶은 모순된 욕구가 충돌하는 것이다.

아내와 나 사이에도 상충하는 딜레마가 있다. 아내는 내게 좋아하는 일을 하라고 한다. 좋아하는 일에 몰입했다. 그랬더니 중독이란다. 몰입과 중독의 차이는 무엇인가. 또 잘하는 일에 집중하라고 해서 집중했다. 그랬더니 집착이라고 한다. 집중과 집착의 경계는 어디인가. 아내는 중간이 없다며 못마땅해하는데, 나는 중간이 어디인지 도무지 모르겠다.

나는 어떤 일을 앞두고 있을 때면 불안을 느낀다. 그래서 준비하고 연습한다. 크게 실수하지 않지만 늘 안달복달한다. 아내는 매사에 자신만만하다. 그래서 준비하고 연습하지 않는다. 결과가 그다지 좋지 않아도 여유가 있다. 일의 완성도와 삶의 여유 중 어느 쪽을 선택해야 할까. 양자택일이 쉽지 않다.

아내는 아낌없이 칭찬해주라고 한다. 사람은 칭찬을 먹고 자란다며, 칭찬을 들으면 신명이 나고 동기부여가 된다고 한다. 하지만 나는 칭찬해줄수록 자신을 뽐낼 가능성이 커진다고 생각한다. 칭찬받은 수준에 만족하고 태만해서 성장이 정체될 수 있으므로 칭찬을 아껴야 한다는 입장이다. 아낌없이 칭찬해야 하나, 칭찬을 아껴야 하나. 이 역시 딜레마다.

홀로 자유로울 것인가, 남과 연결될 것인가. 외롭지만 자유로운 길을 갈 것인가, 부담스럽지만 함께하는 삶을 좇을 것인가. 어느 쪽을 선택해도 만족스럽지 않은 딜레마 앞에 서 있다. 딜레마를 풀 해법이 있을까?

우선, 홀로 서야 한다. 홀로 서는 것이 먼저다. 자신을 유지하면서 타인과 연결돼야 한다. 다음으로, 자율과 연결 사이의 균형이 중요하다. 자신과 타인 사이에 적정 거리를 지켜야 한다. 특히 가까운 관계일수록 감정의 거리를 건강하게 유지할 필요가 있다. '불가근불가원不可近不可遠'이 방법이다. 공자는 "군자는 화이부동和而不同하고, 소인은 동이불화同而不和한다"라고 말했다. 쉽게 풀자면, '가까이 가되 같아지려 하지 마라. 하나가 되고자 욕심을 부리면 도리어 관계를 해친다'라는 이야기다. 나는 이 말을 자신의 독립성이 중요하듯 다른 사람의 독립성도 존중해야 한다는 뜻으로 이해한다. 다른 사람을 존중하는 수준에서 공존을 꾀해야지 그 사람을 독점하려 해선 안 된다.

내가 나로서 존재하면서 우리를 이루는 관계로 나아가는 것만이 인생에서 마주하는 딜레마를 풀 열쇠가 아닐까.

우선, 홀로 서야 한다.
홀로 서는 것이 먼저다.
자신을 유지하면서
타인과 연결돼야 한다.

오십,
나를 사랑하는 법을 배우다

별 이유 없이 나 자신을 비하하며 산 적이 있다. 1차에 낙방하고 2차로 들어간 고등학교 시절이 그랬고, 대우그룹에 다닐 적이나 대통령을 모실 때도 문득문득 그랬다. 아니, 그 이전 초등학교 5학년 무렵의 명절날에도 그랬다.

그날, 두 살 터울인 형과 어른들 몰래 골방에서 함께 술을 마셨다. 형이 변소에 간 틈을 타 형의 술잔에 요강에 있는 오줌을 따라놓았다. 그걸 마신 형이 길길이 날뛰며 나를 두들겨 팰 때, 나는 마치 카프카의 『변신』에 나오는 벌레처럼 몸을 움츠렸지만 왠지 맞는 게 싫지 않았다.

실제로 벌레 취급을 받은 적도 있다. 중학생 때 전주의 고속버스터미널 화장실에서 쪼그려 앉아 용변을 보고 있는데, 청소하는 아저씨가 양동이에 물을 퍼 와 내게 쏟아부을 기세로 "청소해야 하는데, 뭘 그리 꾸물거려. 당장 나오지 못해" 하며 고래고래 소리를 질렀다. "제발 문 좀 닫아주세요"라며 간절한 눈빛으로 애원했지만, 결국 나는 용변을 보던 중 질질 끌려 나왔다.

비슷한 기억은 또 있다. 대통령과 회장에게 혼이 날 때, 한없이 쪼그라들고 땅으로 꺼지는 듯한 느낌을 경험했다. '이 시간도 지나가겠지. 내일은 내일의 해가 뜰 거야' 하면서 마음을 진정하려 해도 내 정체가 탄로 났다는 수치심에 얼굴이 달아올랐다.

내가 한 일은 늘 못마땅했다. 실수와 실패를 거듭하면서 스스로에 대한 기대를 접고 살았다. '이럴 줄 알았어. 어쩐지 요즘 뭐가 잘 풀린다 했어', '내가 하는 일이 그렇지 뭐. 내게 뭘 더 바라겠어' 같은 체념과 자기부정 속에 살았다.

나 같은 사람에게는 몇 가지 특징이 있다. 나와 닮은 사람을 좋아하지 않는다. 매사에 자신이 없고, 자신이 없으니 모든 일이 안될 것처럼 보인다. 그래서 우울과 공허와 후회를 달고 산다. 그 허한 마음을 달래기 위해 타인에게 지나치게 의존한다. 끊임없이 상대방의 관심과 애정을 요구한다. 동시에 누구보다 자기애가 강하다. 자기부정과 자기애는 동전의 양면이다. 자신을 혐오하는 사람일수록 더 자신을 아낀다.

● ○

모든 관계는 나로부터 시작한다. 하지만 우리는 남을 사랑하는 법은 열심히 탐구하면서도 정작 자신을 사랑하는 법은 배우지 못했다. 다른 사람과 건강한 관계를 만들고 싶으면, 먼저 자신부터 소중하게 여기고 아껴줘야 하는데 말이다. 나 역시 다른 사람들에게 사랑받기 위해 애쓰는 동안 정작 나 자신을 사랑하는 법은 배우지 못했다. 타인의 인정에 목말라하며 살아온 내게, 자신과의 관계는 그저 낯설고 어색하기만 했다.

철학자 니체는 "무슨 일을 하든 자기 자신을 사랑하는 것부터 시작하라"라며, 자기를 사랑하는 게 변화와 성장의 출발점이라고 했다. 나를 사랑한다는 것은 무엇일까? 나의 장점을 찾아 칭찬하는 것일까? 그것만으로는 부족하다. 진정한 자기 사랑은 나의 어두운 면, 즉 부족함과 실수, 약점, 때로는 추한 모습까지도 받아들이는 것이다. 완벽하지 않은 나를 받아들이는 것, 실패했을 때 자책하는 대신 위로하는 것, 타인의 기준이 아닌 나의 가치관으로 나를 평가하는 것. 이 모든 것이 나를 사랑하는 방법이다.

자신을 사랑하는 사람에겐 이런 특징이 있다. 일단, 상대방에게 집착하지 않는다. 자신의 가치를 잘 알기에 굳이 상대방에게서 인정받으려고 애쓰지 않는다. 또한 다른 사람의 시선이나 평가에 흔들리지도 않는다. 타인의 의견을 무조건 받아들이기보다 자기 안에서 조율하는 과정을 거친다. 결과적으로 다른 사람과의 관계도 건강해진다. 어느 한쪽으로 기울지 않고 동등한 위치에서 서로를 존중하며 관계를 다져나간다.

자신을 사랑하는 사람만이 타인을 사랑할 수 있다. 자기를 아끼고 존중하는 방법을 아는 사람만이 남들에게도 똑같은 존중과 사랑을 베풀 수 있다. 자신을 사랑하는 사람은 상대방의 단점을 받아들이는 데도 너그럽다. 자신도 그리 완벽한 사람이 아니라는 것을 잘 알기에 상대의 부족함을 있는 그대로 수용할 수 있는 것이다.

● ○

자기를 사랑하기 위해서는 어떻게 해야 하나? 가장 먼저 할 일은 나를 아는 것이다. 나를 탐색하고 탐구해야 한다. 자신이 어떤 면에서 부족하고 미흡한지 알아야 한다. 자신을 사랑하는 첫걸음은 자신의 불완전함을 인정하는 것이다. 우리는 완벽하지 않고, 종종 실수하며, 때로는 한없이 나약하다. 그런 부족함을 솔직하게 받아들이자. 자기 자신에게 '나는 왜 이 정도밖에 안 될까?' 같은 비난 대신 '괜찮아, 다음엔 더 잘할 수 있어!'라는 격려의 말을 건네자.

스스로에 대해 변명하지 않아도 된다. 내가 왜 내 삶을 설명해야 하는가, 그게 나인 것을. 어쩔 수 없는 일 아닌가. 나 말고 누가 나를 귀히 여기겠는가. 내가 나를 보듬어야 하지 않겠는가. 나는 쉰 살 이후, 비로소 나를 찾았다. 스스로를 싫어하고 미워한, 세월의 뒤안길을 돌고 돌아 나로 돌아왔다. '이제는 돌아와 거울 앞에 선 누이'처럼.

다음으로 할 일은 나다운 사람이 되는 것이다. 살아보니 크게 잘난 사람도 크게 못난 사람도 없더라. 다 거기서 거기다. 남의 삶을 기웃거리지 않고 내 길을 가면 된다. 나는 나다우면 된다. 중요한 것은 내가 원하는 삶이다. 삶은 나답게 살 때 가장 편안하고 행복하다. 그것이 곧 분수에 맞는 삶이고, 무리하지 않는 삶이다. 못하는 걸 잘하려고 하지 말자. 내가 잘하고 즐거운 것에 집중하자. 해야 하는 것 말고 하고 싶은 걸 하자.

모든 건 내 마음이다. '이것이 잘사는 삶'이라는 세상의 언명은 나를 구속하지 못한다. 남이 나를 규정하도록 내버려두지 않을 것이다. 그런 의미에서 나는 이런 말들을 단호하게 거부한다.

"네가 그러면 그렇지!"
"내 말에 토 달지 마."
"너는 왜 쟤처럼 못 해?"
"다른 사람들이 너에 대해 뭐라고 하는지 알아?"

삶의 경계를 분명히 하는 것도 나답게 사는 길이다. 자신의 머릿속을 다른 사람으로 가득 채우고, 다른 사람에게 맞추기 위해 자신의 시간과 에너지를 소모하지 말아야 한다. 내가 편안함을 느끼는 선을 명확히 하고 이를 지키는 것은 나 자신을 존중하고 보호하는 행위다. 건강한 경계는 더 좋은 관계를 맺는 바탕이 된다. 건강한 경계선을 그리는 것, 나의 시간과 에너지를 소중히 여기는 것, 나를 존중하지 않는 관계에서는 과감히 물러서는 것, 이런 것들이 모두 나를 지키고 사랑하는 방법이다.

자신을 사랑하기 위해 마지막으로 할 일은 나만의 시간과 공간을 챙기는 것이다. 매일매일 나 자신에게 손을 내미는 꾸준한 노력이 필요하다. 일상에 치여 나 자신을 돌보는 일을 잊고 살기 쉽다. 자신을 사랑하는 것은 거창한 일이 아니라 아주 사소한 일상에서 시작된다. 마치 친한 친구를 대하듯 나 자신을 다정하게 대해줘야 한다. 좋아하는 음악을 들으며 차 한잔 마시거나, 따뜻한 물에 몸을 담그고 휴식을 취하거나, 혹은 아무 생각 없이 멍하니 창밖을 바라보는 것도 좋다. 자신에게 맞는 방법으로 오롯이 내게 집중하는 시간을 가져보자.

다른 사람의 기분보다 내 기분, 다른 사람의 생각보다 내 생각, 다른 사람의 기대보다 내 희망의 소리에 귀 기울이자. 이런 소소한 순간이 모여 나를 사랑하는 하루가 되고, 그런 하루가 모여 나를 사랑하는 삶이 된다.

자신을 사랑하는 것은 거창한 일이 아니라
아주 사소한 일상에서 시작된다.
마치 친한 친구를 대하듯
나 자신을 다정하게 대해줘야 한다.

2장

경계

가까워질수록 필요한
'사이의 기술'

싫은 사람과 더불어 사는 법

한때 나는 모든 사람과 잘 지내야 한다는 강박에 시달렸다. 한 사람이라도 나를 싫어하면 견디기 힘들었다. 하지만 모든 사람이 나를 좋아하게 한다는 건 불가능에 가깝다. 어느 집단에나 나를 싫어하는 사람이 꼭 한 명은 있게 마련이다. 그럴 때 나는 원만한 관계에 있는 아흔아홉 명은 제쳐두고 나를 싫어하는 한 사람에 매달렸다. 어떻게든 그 한 사람과 좋은 관계를 만들 방도를 찾았고, 그 방법은 그때그때 상대에 따라 달랐다.

첫 번째 방법은 한배 타기다. 증권회사에 다닐 적에 불편한 동료가 있었다. 나이는 나보다 아래인데 입사는 1년 이른, 애매한 선배였다. 말을 트고 편하게 지내면 좋으련만 그가 원치 않았다. 서너 살도 아닌 한 살 차이여서 관계가 더 어정쩡했고, 사사건건 신경전이 벌어졌다. 그러다 우연히 그와 내가 같은 주식을 갖고 있다는 사실을 알았다. 이후 관계가 돌변했다. 주식 가격이 등락할 때마다 정보를 주고받으면서 괴로움과 즐거움을 함께하는 사이가 됐다. 그때 깨달았다. 불편한 관계일수록 이해득실을 함께해야 한다는 사실을. 이후 그는 내가 사는 아파트 단지로 이사까지 왔고 아파트 가격의 오르내림에 따라 기쁨과 슬픔을 나누는, 그야말로 고락의 동지가 됐다.

한배를 타는 가장 흔한 방법은 같이 일해보는 것이다. 평소 그에 관한 선입견이나 소문, 평판 등으로 싫었던 사람도 같이 일해보면 좋은 사람인 경우가 의외로 많다. 특히 힘든 일을 함께 해내거나 위기 극복의 경험을 공유하면 죽마고우 부럽지 않은 관계가 될 수 있다. 그러니 함께 일해보기 전까지는 사람에 대한 판단을 유보해두는 게 맞을 듯싶다.

두 번째 방법은 공동의 적을 만드는 것이다. 회사에서 과장으로 승진하면서 다른 부서로 가게 됐다. 그런데 그 부서에 오래 근무한 만년 대리가 있었다. 직급은 내가 높았지만, 일솜씨는 그가 한 수 위였다. 기싸움이 시작됐다. 그는 직원들을 부추겨 은근히 나를 따돌렸다. 보고는 면피하는 수준에서 건듯건듯 하기 일쑤였고, '일은 과장인 네가 알아서 배우라'는 식으로 업무 파악에도 비협조적이었다. 여러 번 밥을 사고 술자리도 만들어봤지만, 나를 대하는 태도는 요지부동이었다.

그러던 어느 날, 그가 옆 부서 과장과 시비가 붙었다. 처음에는 조용히 옥신각신하더니 점차 언성이 높아지고 주먹다짐까지 오가는 싸움으로 번졌다. 나는 이것저것 따지지 않고 그의 편을 들었다. 급기야 옆 부서 과장과 내가 싸우는 지경에 이르렀는데, 그날 이후 그와 나는 함께 전쟁을 치른 전우가 됐다. 주변에 사이가 안 좋은 사람이 있다면, 그 사람과 함께 미워할 대상을 찾아보라. 그 대상을 물고 뜯고 씹으면서 어느덧 서로에게 겨누던 총구를 돌려 합동작전을 펼치는 끈끈한 결사체가 돼 있을 것이다.

세 번째 방법은 냉전 상태 유지하기다. 싸움이 일어날 소지를 차단하면서 냉랭한 가운데 평화를 유지하는 방법이다. 싸우지는 않지만 굳이 화해의 무드를 만들려고 시도하지도 않는다. 군대 한번 다시 온 셈 치고, 긴장된 상태로 그 사람과의 불편한 관계를 견디는 것이다. 가끔 마주칠 때마다 서먹하고 기분이 싸악 나빠지긴 하지만, 나와 상관없는 사람으로 간주하고 관심 끊고 살면 된다. 형식적으로 지킬 건 지켜주되, 만나는 자리를 최대한 피하고 말도 최소한으로만 섞으면서 데면데면 지내면 된다. 그러다 보면 부딪힐 일도 미워할 일도 없어진다. 데탕트détente(긴장 완화)에 대한 기대만 내려놓으면 이 방법도 나쁘지 않다.

네 번째 방법은 툭 터놓고 겨루는 것이다. 아슬아슬한 관계를 도저히 견딜 수 없다면 이 또한 괜찮다. 곪은 데는 터트려야 한다. 상처는 덧나게 마련이므로 한 번 터트리는 것으로는 부족하다. 서너 번은 건드려야 한다. 그러다 보면 터트린 부위에 딱지가 앉는다. 미운 정이 들고 관계의 굳은살이 박인다. 참기 힘들거든, 속 썩이지 말고 털어놓아 보라. 왜 진즉 이렇게 하지 않았는지 스스로 의아해질지도 모른다. 다만, 선은 지켜야 한다. 거리낌 없이 털어놓다 보면 아예 돌이킬 수 없는 강을 건널 수도 있으니까 말이다.

다섯 번째는 관계보다 일을 우선하기다. 직급과 직책에 맞춰 상사는 상사답게, 부하는 부하답게 행동하면서 맡은 역할에 초점을 두는 것이다. 관계에 신경 쓰는 조직일수록 일이 많지 않거나 열심히 일하지 않을 확률이 높다. 이런 조직은 일의 성과나 사람에 대한 판단을 옳고 그름보다 '좋고 싫음'으로 내리는 경향이 있다. 배부른 감정 놀이에 빠져 있는 셈이다. 진짜 바빠 봐라. 그런 감정을 느낄 겨를이 있는지. 관계에서 느끼는 호불호는 어쩌면 한가함의 부산물일지도 모른다.

여섯 번째는 수그리고 들어가거나 실력으로 제압하기다. 관계는 어차피 기싸움이고, 선택지는 두 가지다. 하나는 완전히 숙이고 종속을 자처하는 것이다. "오메 기죽어" 하면서 꼬리를 내리거나, "그래, 내가 졌다 졌어" 하면서 스스로 모자람을 인정한다. 다른 하나는 너는 내 상대가 안 된다는 걸 확실히 보여주는 것이다. 사람들은 상대가 나보다 낫다고 생각하면 처음에는 시기하고 질투한다. 하지만 생각보다 더 낫다고 느끼면 두려워하고, 그보다 더 낫다고 판단하면 우러르게 된다. 종속과 지배 둘 가운데 어느 쪽이건 상하와 우열이 분명해지고 위계가 형성되면 관계는 무질서에서 질서를 찾아간다. 그렇게 질서가 잡히면 덜 갈등하며 살 수 있다.

일곱 번째는 자기만의 피난처 갖기다. 안 맞는 사람과의 만남을 일종의 재난이라고 생각하고 마음을 다른 곳으로 돌리는 것이다. 새로운 취미를 갖거나 동호회 모임에 나가는 등 방법은 여러 가지다. 스페인어로 안식처를 '케렌시아querencia' 라고 하는데, 투우사와의 마지막 결전을 앞두고 소가 잠시 쉬는 곳을 가리키는 말에서 유래했다. 어디 소에게만 케렌시아가 필요하겠는가. 사람도 마찬가지다. 관계로 인한 상처를 치유하고, 나아가 관계에 연연하지 않을 수 있는 자기만의 케렌시아를 찾아보자.

끝으로, 이도 저도 아니라면 '언제나 끝은 있다'고 생각하자. 잠깐의 인연일 뿐, 이 또한 지나간다. 모든 관계에는 종착점이 있다. 직장에서의 관계는 인사 발령이나 퇴직 등으로 언젠가는 끊어진다. 그토록 미웠던 사람도 헤어지고 나면 궁금하고 보고 싶어지는 게 인지상정이다. 군대에서 엄청 못살게 굴던 고참병을 전역 후 길에서 우연히 만난 적이 있다. 어찌나 반갑던지. 이제는 괴롭힘을 당하지 않아도 되니 기뻤고, 괴롭히던 사람이 외려 당황해하며 수세에 몰리는 관계 역전이 짜릿했다. 관계가 힘들 때는 묵묵히 시간을 견뎌내자. 시간이 모든 걸 해결해준다는 건 만고의 진리다.

타인이 '지옥'이 되지 않게 하려면

가까이 붙어 앉은 게 화근이었다. 고등학교 다닐 적 사귀던 여학생이 있었다. 늦은 저녁 그 친구가 찾아왔다. 놀이터 벤치에 앉아 도란도란 얘기를 나눴다. 저녁으로 로스구이를 먹었다는 그의 입에서 진한 파 냄새가 났다. 그날 이후 우린 멀어졌다.

너무 가까운 거리는 위험하다. '인간人間'이란 단어는 사람 '인人'과 사이 '간間'으로 이뤄져 있다. '사람 사이'란 뜻이다. 사이가 좋아야 관계가 좋다. 사이가 좋다는 건 거리가 적당하다는 의미다. 영화관 맨 앞줄에 앉으면 영화를 제대로 보기 어렵다. 너무 먼 뒷자리도 그렇다. 스크린과 적당한 거리를 둬야 영화를 온전히 즐길 수 있다. 사람 사이의 관계도 매한가지다. 사이에 어울리는 거리를 둬야 온전한 관계를 유지할 수 있다. 사이가 너무 멀어도 안 되지만, 너무 밀착하는 것도 경계해야 한다.

가깝지 않은 관계에서는 거리 두기가 저절로 이뤄진다. 상대에게 주의를 기울이고 서로를 배려하면서 선을 지키려고 노력한다. 문제는 가까운 관계다. 연인이나 부부, 부모와 자녀 사이처럼 친밀한 관계에서는 선을 넘기 일쑤다. 아니, 격의 없이 마음 편하게 대하는 것을 정상으로 여긴다. 그러다 보니 경계가 무너지고 선을 넘게 된다. 그 결과로 상처를 주고받는다. 오히려 가까운 사람에게서 마음의 상처를 입기 쉬운 이유가 여기에 있다.

가깝다고 늘 좋은 것만은 아니다. 우리는 누군가와 관계를 맺을 때 보통 세 단계를 거친다. 먼저, 몇 사람 걸러 아는 단계다. 이런 관계에서는 그 사람을 잘 모르기 때문에 평판이 그의 인상을 좌우한다. 그 사람을 잘 알게 되는 그다음 단계에서는 나쁜 사람이 거의 없다. 아는 만큼 이해할 수 있기 때문이다. 그러나 마지막 단계로 나아가 더 깊이 알게 되면 좋은 사람이 별로 없다. 관계가 밀접해지면 사소한 일에도 서운해지고 실망한다. 너무 가까운 거리가 관계의 부담으로 작용하는 것이다.

● ○

거리 두기가 필요한 이유는 우리가 서로 다르기 때문이다. 다름은 낯섦이고, 낯섦은 경계심을 불러일으킨다. 우리 각자는 낯선 이들로부터 자신을 보호하고 심리적으로 안정감을 얻기 위해 거리 두기를 원한다. 또 다른 이유는 누구나 자신을 중심으로 사고하기 때문이다. 우리는 각자의 관계 동심원을 가지고 있다. 상대가 누구냐에 따라 용인하는 거리가 있는데, 내가 허락하지 않은 사람이 그 거리 안으로 침범해 들어오면 불쾌하다.

그렇다면 좋은 관계를 맺기 위해서는 어느 정도의 거리를 둬야 할까? 인류학자 에드워드 홀Edward Hall은 『숨겨진 차원』에서 인간관계의 거리를 밀접한 거리, 개인적 거리, 사회적 거리, 공적인 거리의 네 가지로 분류했다. '밀접한 거리'는 45센티미터 이내의, 성인 팔 길이 반 정도 되는 거리다. 연인이나 가족과 같이 높은 수준의 친밀도를 보이는 대상과의 거리를 뜻한다. 직장 동료나 잘 알지 못하는 사람이 이 거리 안으로 들어오면 거부감을 나타낸다. '개인적 거리'는 45센티미터에서 1.2미터 사이다. 보통 사람들이 팔을 뻗었을 때 닿을 수 있는 거리에 해당한다. 친구나 지인과 대화하고 접촉하는 거리다. '사회적 거리'는 1.2미터에서 3.6미터 사이로, 직장 동료와 같이 사회적 관계로 연결된 사람과의 거리다. 이 거리에서는 주로 사무적인 일을 처리한다. 마지막 '공적인 거리'는 3.6미터에서 9미터 사이다. 이는 타인으로부터 위협받을 경우 피할 수 있는 거리에 해당한다. 연극 무대에서 배우와 관객의 거리나 연설가와 청중 사이의 거리라고 할 수 있다.

나에게도 나만의 거리 두기 기준이 있다. 나는 빈도와 농도를 기준으로 네 가지 유형의 사람들과 관계를 맺고 살아간다. 첫 번째 유형은 빈도는 높지만 농도는 낮은 관계다. 직장생활 할 때 일로 만난 관계다. 두 번째는 빈도는 높지 않지만 농도가 높은 관계다. 학교와 사회에서 만난 친구들이 그렇다. 빈도도 낮고 농도도 낮은 세 번째 유형의 관계는 거래를 목적으로 만난 사람들이다. 끝으로, 빈도가 높으면서 농도까지 높은 관계는 역시 가족이다. 여기서 농도는 거리에 해당한다. 농도가 높으면 거리가 가까운 것이다. 하지만 빈도까지 높은 관계에서는 거리를 밀착하지 않는 게 좋다. 애착이 집착으로 변질할 위험이 있기 때문이다.

● ○

하지만 '거리'란 여전히 막연하다. 관계에서 상처받지 않으려면 몇 가지 노력과 실천을 거듭해야 한다. 우선, 나만의 경계선이 필요하다. 나는 누구에게도 종속되지 않는다는 사실을 스스로 명확히 인지해야 한다. 과도한 참견과 간섭, 지나친 요구 등 나의 독립을 위협하는 어떤 시도도 단호히 거부한다. 나 또한 타인이 그어놓은 경계선을 함부로 침범하지 않는다. 그러기 위해 상대의 경계선이 어디인지 파악하려고 힘쓴다. 그뿐 아니라 스스로를 객관적으로 보기 위해 나 자신과도 거리를 두려고 노력한다. 나의 경계가 소중하듯, 타인의 경계 역시 존중받아야 마땅하다. 타인의 경계를 지켜줄 때 나의 경계 또한 지켜진다.

나만의 경계선을 설정했다면 다음은 적정한 거리 두기다. 가족으로서, 친구로서, 직장동료로서 선을 넘지 말자. "우리끼린데 뭐 어때", "부모가 그런 말도 못 해?" 같은 말들을 삼가야 한다.

거리에 맞지 않는 과도한 기대는 금물이다. 가족 관계에서나 가능한 일을 친구 관계에서 기대한다면 남는 건 상처뿐이다. 서로가 생각하는 거리감이 일치해야 한다는 점도 중요하다. 한쪽은 둘도 없는 친구 사이라고 생각하는데 다른 쪽은 그저 지인 정도로 생각하거나, 한쪽에서는 연인 관계라고 여기는데 다른 쪽에선 친구로 여긴다면 그 관계의 끝은 불 보듯 뻔하다. 나아가 관계에 연연하지 말아야 한다. 내가 아무리 가까이하고 싶어도 안 되는 사람은 안 된다. 반대로 인연이 있는 상대라면 그렇게 애쓰지 않아도 가까워진다.

한편, 거리 두기는 시간의 경과에 따라서도 바뀌어야 한다. 연애할 때의 끈끈한 거리를 결혼해서도 기대하는 건 무모하다. 자녀가 성인이 돼서도 어릴 적 가졌던 거리를 유지하려고 하면 곤란하다. 거리는 상황에 따라서도 유연하게 적용해야 한다. 대학 시절 친동생처럼 아끼던 후배가 있었다. 하지만 사회에 나와 기업 홍보실에서 근무하며 그를 출입기자로 만났을 때는 거리를 조정해야 했다. 거리 두기에 실패하면 사르트르의 희곡 「닫힌 방」에 나오는 말처럼 '타인은 지옥'이 될 수 있다.

끝으로, 선 긋기의 노력이 필요하다. 거리를 조정해봐도 개선이 어려운 관계는 단호하게 끊어내야 한다. 강한 사람에게는 한없이 약하고 약한 사람은 잡아먹으려고 하는 사람, 자기가 기분 좋을 때는 한없이 좋은 사람처럼 굴다가 기분이 나빠지면 언제 그랬냐 싶게 돌변하는 사람, 남 탓하고 핑계 대는 사람, 쉬지 않고 남의 험담을 하는 사람, 자기보다 잘난 사람이 있다 싶으면 깎아내리기에 여념이 없는 사람……. 이런 사람에게는 화내거나 공들일 필요가 없다. 분명히 선을 긋고 멀리하는 게 상책이다.

자율주행 기능이 있는 자동차가 늘고 있다. 앞뒤는 물론 옆 차와의 거리가 너무 가까우면 경고음을 울려 접촉사고를 예방한다. 사람 사이의 관계에서도 이런 자율주행 장치가 있다면 얼마나 좋을까.

사이가 좋아야 관계가 좋다.
사이가 좋다는 건
거리가 적당하다는 의미다.

피할 것인가,
함께할 것인가

기업에 강의하러 가게 됐다. 그 기업 회장이 누군가에게 추천을 받았는지 회장 비서실장이 내게 연락을 해왔다. 만나 얘기를 나눠보니 '머리가 좋다'는 느낌이 들었다. 잠깐 만났을 뿐이지만, 그는 나에 대해 두 가지 사실을 눈치챈 듯했다. 내가 회장과 친한 관계가 아니라는 사실과 대충 대해도 회장에게 그 사실을 얘기할 깜냥이 안 된다는 사실. 그러니까 자신의 이해에 별 영향을 미칠 수 없는 존재라는 낌새를 간파해낸 것이다. 깔아뭉개지는 않지만 그렇다고 예의를 갖춘 것도 아닌, 무례와 무시 사이에서 나를 대했다. 교활하게 똑똑했다. 모르긴 몰라도 자기가 모시는 회장에게는 쓸개까지도 내놓는 시늉을 할 것이다.

● ○

관계는 말로 이뤄진다. 말이 곧 그 사람이다. 그러므로 말을 들어보면 그 사람을 알 수 있고, 가까이할지 말지 판단할 수 있다. 멀리해야 하는 사람의 첫 번째 유형이 바로 이 비서실장 같은 사람이다. 힘센 사람에게는 머리를 조아리고, 약자 앞에서는 거들먹거리는 사람. 이런 사람은 내 아내 같은 사람을 만나야 정신 차린다. 아내는 강한 사람에게는 강하고 약한 사람에겐 한없이 약한 사람이다. 나는 아내와 연애를 4년 가까이 했는데, 아내가 처음부터 내게 호감을 가진 것은 아니었다. 그런데 언젠가 내가 식당에서 맥주잔을 엎지르는 실수를 한 종업원에게 "아, 이 친구가 내 건강 생각해서 조금만 마시라고 배려해주네! 허허" 하고 웃어넘기는 것을 보고 '이 사람과 결혼해도 되겠구나' 하고 생각했다고 한다.

멀리해야 할 또 한 유형은 늘 남을 평가하고 재단하는 사람이다. 이런 사람은 마치 자신이 무슨 심판관이라도 되는 양 노상 남을 평가한다. 그것도 치켜세우는 말이 아니라 깎아내리는 말을 일삼는다. 이런 단점이 있고 저런 허물이 있다고 폭로하고 다닌다. 시기와 질투가 말에 배어 있다. 당연히 남들의 비밀을 지킬 줄 모른다. 이런 유형의 특징은 '유명한 누구를 알고 있다', '내가 누구와 친하다'는 말을 입에 달고 산다는 것이다. '누가 이렇게 말하더라', '누가 어떻게 됐다', '누구는 어떤 사람이다' 등등 자기 말은 하지 않고 '누구' 말만 하는 사람을 나는 신뢰하지 않는다. 남 얘기를 안 할 순 없지만, 남 얘기'만' 하는 건 문제다. 이런 사람을 어쩔 수 없이 만나야 하는 경우에는 정신을 바짝 차려야 한다.

갈라치기에 능한 사람도 피해야 할 대상이다. 늘 내 편 네 편 편을 가르고, 사람과 사람 사이에 갈등을 조장하는 사람이 있다. 이런 사람은 언제나 피아를 구분한다. 눈앞에 있는 사람은 동지이고, 눈앞에 없는 사람은 적이 된다. 또한 이 사람에게 가서는 저 사람 욕을 하고, 저 사람에게는 이 사람 욕을 해서 두 사람 사이를 갈라놓는다.

"내가 너를 얼마나 생각하는지 알지? 그래서 하는 말인데, 누가 너에 대해 이렇게 말하고 다닌다던데?", "네가 속상할까 봐 말 안 하려고 했는데, 그래도 알고 있어야 할 것 같아서 고민 고민하다 얘기하는 거야" 같은 말들로 이간질하는 사람은 절대 가까이해선 안 된다. 부처님은 입으로 짓는 업業에는 망어妄語, 기어綺語, 악구惡口, 양설兩舌이 있다고 하셨다. 그 가운데 양설이 바로 이간질하는 말을 가리킨다. 양쪽에 다니면서 상대방에게 서로 다른 두 가지 말로 싸움을 붙이는 양설은 동서고금을 막론하고 조심해야 한다.

부정적이고 비관적인 말을 입에 달고 사는 사람도 멀리하는 게 좋다. 만나면 늘 징징대고 투덜대는 사람, 자기는 운이 없고 되는 일도 없고 나만 힘들다고 아우성치는 사람, 모든 걸 못마땅해하고 일이 끝나면 꼭 뒷말하는 사람. 이런 사람의 말은 "그러지 말았어야 하는데……", "나는 안될 줄 알았어", "이건 그 사람 탓이야" 하는 후회와 남 탓으로 가득하다. 이런 사람을 만나면 기가 빨리고 급격히 우울해진다.

말을 수시로 바꾸는 사람도 조심해야 한다. 어제 한 말과 오늘 한 말이 다르고, 이 사람에게 한 말과 저 사람에게 한 말이 다르다. 생각과 말과 행동이 제각각이다. 물론 생각과 말은 때에 따라 바뀔 수 있다. 그럴 때는 어떤 이유에서 바뀌었는지 설명하면 된다. 하지만 이 유형의 사람들은 그러지 않는다. 구렁이 담 넘듯 슬그머니 말을 바꾸고, 자신에게 불리한 것은 어쩐 일인지 죄다 기억하지 못한다, 도리어 "내가 언제 그랬어"라며 따지고 달려드니 상대방으로선 복장이 터진다. 이런 사람은 어디까지가 진심인지 종잡을 수가 없고 예측이 안 된다. 한마디로 믿음이 가지 않는다. 이렇게 진정성이 없는 사람도 피해야 한다.

● ○

다음은 염치없는 사람이다. 사람은 누구나 어쩔 수 없이 이기적이지만, 사람이기에 자신의 이기적 속성을 감추려고 한다. 즉, 체면을 차리고자 한다. 그런데 체면이 깎이든 말든 상관하지 않고 제멋대로 말하고 행동하는 사람이다. 부끄러운 줄 모르는 사람, 그야말로 뻔뻔한 사람이다. 항상 자기만 생각하고 자기 하고 싶은 대로 한다. 이런 사람 입에서는 사과나 양보라는 말이 절대 나오지 않는다. 반성도 없다. 잘못하고도 잘했다고 우긴다. 아니 자신이 잘못했다는 것 자체를 모른다.

버스나 지하철에서 어르신이 서 계시면 아예 모른 척하는 사람이 있는가 하면 자리를 양보하진 않더라도 안절부절못하는 사람이 있다. 물론 자리를 양보하는 사람도 있고, 양보하지 않는 걸 나무라는 사람도 있다. 하지만 적어도 자리를 양보하지 않는 것에 대해 미안해하고 부끄러워해야 마땅하지 않은가. 내가 지켜본 노무현 전 대통령은 그런 사람이었다. 임기 초반 한 비서관의 뇌물 수수 사건이 터졌을 때도, 농민 시위에서 두 분이 돌아가셨을 때도 국정 최고 책임자로서 말로 다 할 수 없을 만큼 미안해하고 부끄러워했다. 나는 이것이 사람이라면 누구나 갖고 있는 양심이고 도덕성이지 않나 싶다.

고압적이고 권위적인 사람도 경계해야 할 대상이다. 아무에게나 반말하는, 오만하고 불손한 사람이다. 그런 사람은 소홀한 대접을 받았다고 느끼면 불같이 화를 낸다. 늘 남을 가르치려 들고, 자기 말만 옳다고 주장한다. 상대를 존중하거나 배려하는 건 언감생심이고, 자신의 감정조차 절제하지 못한다. 자주 부아를 터뜨리고 폭언과 욕설을 남발한다. 감정의 기복이 변화무쌍하다. 그래서 주위 사람을 불안하게 한다. 굳이 이런 사람과 가깝게 지낼 이유가 없다.

남의 말은 들으려 하지 않고 자기 말만 하는 사람도 멀리해야 한다. 누구에게나 하고 싶은 말이 있는 만큼 말할 기회를 공평하게 나눠 가져야 한다. 그런데 그 기회를 독점해야만 직성이 풀리는 사람이 있다. "알아, 알아!" 하면서 남의 말을 끊거나, "너는 왜 그런 말을 해!" 하면서 입을 막는다. "아, 그 말 하니까 생각나는데" 하며 수시로 끼어든다. 모임에서 마이크를 잡으면 놓으려 하지 않고, 자신에게 말을 시키지 않으면 토라진다. 정작 말은 자기가 가장 많이 하면서 남에게 '말이 많다'고 타박하기 일쑤다. 이런 사람도 되도록 만나지 않는 게 좋다.

돌아보면 직장생활을 잘할 수 있었던 것은 다음의 원칙을 지켰기 때문이다. 남의 말을 잘 듣고, 남이 듣고 싶어 하는 말을 하고, 이도 저도 아니라면 침묵하는 것. 말하기 좋아하셨던 김대중 대통령도 손목시계와 집 안의 벽에 '침묵', '경청'이란 문구를 붙여놓고 수시로 보며 마음을 다잡았다고 했다.

살면서 피해야 할 마지막 유형은 정직하지 않은 사람이다. 이런 사람의 특징은 말을 자기 마음대로 편집한다는 점이다. 자신에게 유리하게 사실을 과장·축소·왜곡하는 건 다반사이고, 없는 사실을 만들어내거나 사실에 자기 의견을 섞기도 한다. 이런 사람은 귓속말을 자주 하고 밀실에서 끼리끼리 모여 말하는 걸 즐긴다. 말이 공개적이거나 투명하지 않다.

지금까지 말한 유형의 사람을 대하는 방법은 크게 세 가지다. 첫째, 그 사람의 문제를 지적하고 맞서 싸우기. 둘째, 만나긴 하지만 무시하기. 셋째, 만나지 않기. 나는 세 번째를 권한다. 피할 것인가, 타도할 것인가, 함께할 것인가. 당신의 선택에 달렸다.

편한 사람이 아닌
'편안한' 사람

주변에 친구가 아예 없는 사람들이 있다. 이런 사람은 크게 두 갈래로 나뉜다. 자신이 원해서 친구가 없는 사람과 친구를 만들고 싶지만 만들지 못하는 사람. 친구가 있는 사람도 두 부류다. '친구'라고 부를 만한 사람 중 진정한 친구가 없는 사람과 있는 사람. 이 네 부류를 가르는 요인은 무엇일까? 평소 밥도 잘 사주고 부탁도 잘 들어주는데 주변에 사람이 그리 많지 않은 이가 있는가 하면, 별로 해주는 것도 없는데 사람이 꼬이는 이가 있다. 또 보면 볼수록 만나고 싶은 사람이 있고, 한 번 보면 다시는 만나기 싫은 사람이 있다. 그 차이는 뭘까? 내가 생각하는 것은 '편안함'이다.

'편안한' 사람과 '편한' 사람은 다르다. 예를 들어, 내게 아내는 결코 편한 상대가 아니다. 오랜 세월 함께하고 있지만 여전히 만만치 않다. 하지만 아내와 함께일 때 나는 편안하다. 나도 누군가에게 편안한 사람이고 싶다. 언제든 만나면 마음을 놓을 수 있는 상대가 되면 좋겠다. 그러나 편한 사람이 되는 건 사양한다. 편한 사람은 쉬운 사람이 된다. 함부로 대해도 되고 신경 쓰지 않아도 되는, 쉬운 사람이 되긴 싫다.

내가 아내를 편안한 사람으로 느끼는 이유는 뭘까? 꾸미지 않아도 돼서다. 아내에게는 나를 있는 그대로 보여줄 수 있다. 연애할 때는 그렇지 않았다. 잘 보이고 싶은 마음에 내 강점은 부풀리고 약점은 감추려 애썼다. 지금은 감출 필요가 없거니와 감출 수도 없다. 이제 아내는 나에 대해 모든 걸 안다. 그래서 편안하다.

아내가 편안한 이유는 또 있다. 아내와 나는 서로 거절하는 것에 익숙하다. 우린 마음껏 거절하는 관계다. 나는 원하는 게 있으면 눈치 보지 않고 마구 던져본다. 오늘 점심에는 뭘 먹고 싶다고, 내일은 어디를 가자고. 내 원고 좀 봐달라고……. 아내는 그 요구가 마음에 들지 않으면 단칼에 거절한다. 그래도 나는 의기소침하지 않는다. 내 부탁을 들어주지 않았으므로 나 역시 아내 부탁에 부담을 느끼지 않는다. 당당하게 거부하고 뿌리친다. 그래도 미안하지 않다. 그러니 뭐든 말해보라고 자신 있게 말한다. 요구하는 건 말하는 사람의 자유이고, 들어주고 말고는 듣는 사람의 선택이다. 우리는 이를 존중한다. 들어줄 수 있는 것만 들어줘도 되는 관계는 편안하다.

아내와의 관계가 편안한 이유를 하나 더 꼽자면 일방적이지 않아서다. 한쪽이 주기만 하거나 받기만 하는 관계는 불편하다. 그런 관계는 한쪽이 숭고해지거나 다른 쪽이 비참해지는 결과로 이어진다. 숭고함과 비참함 모두 오래가지 못한다. 숭고와 비참까진 아니더라도 일방적인 관계는 필연적으로 힘의 불균형 상태를 만든다. 한쪽의 영향력과 발언권이 다른 쪽의 그것을 압도한다. 이런 기울어진 운동장에서는 경기를 지속하기 어렵다. 두세 번 주면 한 번은 돌려받는 관계여야 오래도록 이어질 수 있다. 지금은 나 혼자 돈을 벌고 있지만, 아내는 한때 자신이 직장을 다닌 덕분에 내가 자주 일을 그만둘 수 있었다는 사실을 수시로 상기시킨다. 이뿐 아니다. 아내가 장시간 집을 비우면 나는 불편하다. 그 불편함은 그만큼 아내가 평소 내 생활에 많이 기여하고 있음을 의미한다. 아내와 나는 한쪽이 다른 쪽을 일방적으로 돕거나 희생하는 관계가 아니다. 서로가 서로에게 도움이 되는 관계다. 이 균형이 우리 관계를 편안하게 한다.

● ○

내 곁에 없는 게 차라리 나은 사람이 있다. 바로 불편한 사람이다. 사람마다 불편을 느끼는 상대가 다른데, 나는 우선 날카롭고 까칠한 사람이 불편하다. 똑똑하고 잘난 사람도 마찬가지다. 누구나 그렇겠지만, 부드럽고 무던한 사람이 편안하다. 따뜻하고 겸손한 사람을 만났을 때 편안함을 느낀다. 날카롭고 까칠한 사람, 똑똑하고 잘난 사람은 왠지 나를 평가하고 판단할 것 같아 불안하다. 마치 면접관 앞에 앉아 있는 듯한 기분이 든다. 편안함은 상대를 대하는 태도와 자세에 달려 있다.

불평불만이 많은 사람도 불편하다. 그런 사람은 그만큼 타인에 대한 기대 수준이 높은데 내가 그 기대에 부응하지 못할 것 같아서다. 만족하고 감사할 줄 아는 사람은 매사에 긍정적이다. 다름을 인정하고 다양성을 존중한다. 그런 사람은 상대를 배려할 줄 안다. 그래서 편안하다.

그런가 하면 속을 알 수 없는 사람도 편안하지 않다. 그런 사람에게는 말을 가려서 하게 된다. 어떻게 반응할지 예측할 수 없어 늘 촉각을 곤두세우게 된다. 무슨 얘기든 다 해도 될 것 같고, 고민을 털어놓고 싶고, 저절로 솔직해지게 하는 사람이 편안하다. 아무 말도 하지 않고 몇 시간이건 함께 있어도 괜찮은 상대만큼 편안한 사람이 없다.

마지막으로, 수준이 너무 높은 사람도 불편하다. 나와 어느 정도 격이 맞아야 편안하다. 빈틈이 없고 완벽한 사람을 만나면 나는 긴장한다. 나도 모르게 잘 보이려고 신경을 쓰고 겨루게 돼서 피곤하다. 그 위세에 주눅 들기도 한다. 그런 사람보다는 빈틈이 많고 헐렁해서 만나면 자신감을 얻고 용기가 생기는 사람이 좋다.

● ○

누구나 편안한 사람을 곁에 두고 싶어 한다. 그러기 위해선 내가 먼저 편안한 사람이 돼야 하고, 내가 편안한 사람이 되려면 내 마음이 편안해야 하고, 스스로와 불화하지 않아야 한다. 나는 이만큼인데 저만큼씩 되고 싶거나, 몸은 여기에 있는데 마음은 저기에 가 있으면 불편하다. 나를 있는 그대로 받아들여야 한다.

내가 만난 사람 가운데 이런 편안함을 가진 사람들의 특징 중 하나는 자신을 있는 그대로 수용한다는 것이다. 자신의 모자라거나 부끄러운 모습까지도 인정하고 포용한다. 나는 이런 사람이고, 이게 난데 어쩔 수 없는 것 아니냐는 태도로 살아간다. 그런 사람은 자신을 비하하지도 우쭐해하지도 않는다. 마음이 요동치지 않는다. 잔잔한 수면과 같이 편안하다.

남에게 크게 기대하지 않는 것도 편안한 사람의 특징이다. 바라는 게 별로 없으니 실망할 일도 없다. 해주면 감사하고 해주지 않아도 서운하지 않다. 다른 사람에게 관심은 갖되 부러워하거나 시기하지 않는다. 그저 감탄하고 칭찬할 따름이다. 그런 사람은 물과 같아서 남을 물들이려고 하지 않는다. 맑은 물처럼 투명하고 물 흐르듯 자연스럽다. 상대에 맞춰 자기 모양을 바꿀 줄 아는 유연함이 있다.

모든 사람에게 편안한 사람이 될 필요는 없다. 그런 사람은 그저 '편한 사람'이 되기 쉽다. 직장에 다니던 시절, 모든 사람에게 편안한 사람이 되고자 한 적이 있다. 불편한 관계를 견디지 못해 늘 안절부절못했던 기억이 난다.

편안함의 기준은 절대적이지 않다. 사람에 따라 상대적이다. 어떤 사람에게 불편한 사람이라고 해서 다른 사람에게도 불편한 사람이란 법은 없다. 궁합이 안 맞을 뿐이다. 편안한 사람과의 관계를 늘리고 불편한 사람과는 접촉을 줄여야 한다. 가능하면 '손절'하는 것도 방법이다. 불편한 관계를 붙들고 이를 바꿔보려고 안간힘을 쓰는 건 무모할 뿐 아니라 백해무익하다.

지난 시간을 돌아보면, 직장에 다니던 동안에는 관계를 늘려왔다. 그 덕분에 잘 살았다. 지금은 관계의 확장에 연연하지 않는다. 오히려 관계를 줄여가고 있다. 젊었을 때는 잘나가는 사람과 가깝게 지내고 싶었다. 지금은 그렇지 않다. 이제는 편안한 사람하고만 만나고 싶다. 누구와 함께할지 선택은 내가 한다. 그래도 될 나이다.

감정의 파도 위에 올라서라

감정은 우리 안의 신호이며 관계에 대한 알람이다. 그 소리에 귀 기울이는 사람만이 더 깊고 단단한 관계를 만들 수 있다. 감정은 증오, 슬픔, 걱정, 후회처럼 부정적인 것과 사랑, 기쁨, 즐거움 같은 긍정적인 것으로 나뉜다. 반가움, 설렘, 그리움처럼 관계를 살리는 감정이 있는가 하면 시기, 질투, 열등감, 소외감처럼 관계를 해치는 감정도 있다. 관계가 좋다는 것은 서로의 감정이 좋다는 뜻이고, 관계가 나쁘다는 건 감정이 상했다는 걸 의미한다. 그런 점에서 감정은 관계의 언어다.

부정적인 감정에만 몰두하면 불통의 관계에 빠지게 된다. 그래서 자신이 관계에서 어떤 부정적인 감정을 느끼는지 알고 있어야 한다. 그래야 거기서 벗어나기 위해 노력할 수 있다. 나에게도 특히 유의해야 할 부정적인 감정들이 있다. 먼저, 시기와 질투다. 시기심은 타인의 성공, 행복 등을 못마땅하게 여기고 그것을 빼앗고 싶어 하는 감정이다. 말하자면 왜곡된 경쟁심이라고 할 수 있다. 시기심은 상대를 깎아내리거나 상대와 거리를 두게 해 관계의 진정성을 해치고 진심 어린 교류를 어렵게 한다.

질투심은 결이 좀 다르다. 자기가 갖지 못한 걸 가지고 있는 상대가 미운 감정이 시기심이라면, 질투심은 자신이 가진 걸 빼앗길지 모른다는 불안감에서 비롯한다. 예컨대 내가 사랑하는 상대가 다른 사람을 더 좋아할 때 우리는 질투를 느낀다. 시기의 대상은 물질이나 성공, 외모, 학벌, 직업 등인 반면 질투는 애정, 관심, 관계에서 일어난다. 친한 사이일수록, 소유욕이 강할수록, 자존감이 낮을수록 강한 질투를 느낀다. 아무리 가까운 연인, 친구, 가족 간일지라도 질투는 그 사이에 심각한 균열을 일으킬뿐더러 스스로를 갉아먹는다.

● ○

시기, 질투와 유사한 감정으로 상대적 박탈감도 있다. 타인이 나보다 더 많은 것을 가지고 있을 때, 실제로는 그렇지 않은데도 내가 받아야 할 것을 받지 못했다고 느끼거나 무언가를 빼앗긴 것 같은 기분이 드는 것이다. 상대적 박탈감은 불공정하다는 인식과 함께 불만을 낳고, 이는 억울함과 분노로 이어진다.

나는 시기와 질투를 느낄 때마다 '내가 지금 질투를 느끼고 있다'는 사실을 인정한다. 감정을 인정하는 것이 곧 나를 이해하는 길이고, 나를 이해해야 타인도 이해할 수 있다. 시기하고 질투하는 마음의 근저에는 나아지고 싶은 욕구와 열등감이 도사리고 있다는 걸 안다. 그리고 솔직하게 부탁한다. "너의 이런 점이 부럽다. 그렇게 되는 방법 좀 알려줘"라고. 이후 적절한 시기에 "네 성공이 기뻤지만, 내가 뒤처진 것 같아 속이 쓰렸어"라고 지나가듯 고백한다. 시기와 질투의 대상이 되는 사람에게도 필요한 덕목이 있다. 겸손과 경청, 공유다. 머리를 숙여 남의 말을 들어주고 가진 것을 베풀어야 한다.

시기와 질투가 나쁘기만 한 것은 아니다. 그런 감정을 느낀다는 것은 이루고자 하는 바가 있다는 의미다. 떳떳하고 정당한 방법으로 추구해나간다면 시기와 질투는 발전과 성장의 촉매제가 될 수 있다. 그러므로 시기심과 질투심이 많다고 해서 부끄러워하거나 죄책감을 가질 필요는 없다. 외려 시기와 질투의 감정이 일어날 때마다 이를 분투의 계기로 활용하면 된다. 〈질투는 나의 힘〉이라는 박찬옥 감독의 영화도 있지 않은가.

한편, 내가 관계에서 가장 흔하게 느끼는 부정적인 감정은 서운함이다. 자주 느끼는 만큼 관계에 큰 영향을 끼친다. 서운함은 뭔가 아쉽고 모자란다는 느낌으로, 대개는 기대에 못 미쳤을 때 오는 감정이다. 노여움이 소나기라면 서운함은 가랑비와 같다. 스멀스멀 젖어든다. 처음에는 섭섭하다가 언짢아지고, 종국엔 괘씸하고 노여워진다. 따라서 서운함은 그때그때 해소해야 한다.

서운함의 원인 제공자는 자기 자신이다. 상대에 대한 기대가 남아 있거나 너무 커서 서운한 것이다. 상대와의 관계를 친밀하다고 스스로 설정해두고, 그 기대에 미치지 못한다고 서운해한다. 상대에게 기대치를 말한 적도 없으면서, 내 마음을 몰라준다며 토라진다. 나는 누군가에게 서운함을 느끼면 그 감정 자체에 매몰되는 대신, 그가 나만 불편하게 대하는지 다른 사람에게도 그러는지 살펴본다. 다른 사람에게도 그런다면, 나만 그런 감정을 느끼는지 다른 사람도 나와 같은 감정을 느끼는지 알아본다. 그런 다음 차근차근 생각해본다.

'상대방에 대한 나의 기대가 너무 컸던 건 아닐까? 그 기대를 내가 임의로 만들어내지는 않았나?'
'그동안 상대에게 고마웠던 적은 없나? 그가 내게 해준 것에 대한 감사함으로 지금 느끼는 서운함을 상쇄할 순 없을까?'
'나는 그를 서운하게 한 적이 없는가? 과연 내게 그를 탓할 자격이 있을까?'

사실 서운함은 손익을 계산하는 버릇에서 비롯한다. 내가 준 것보다 받은 게 적으면 서운하다. 준 것과 받은 것이 엇비슷해도 늘 내가 먼저 주는 입장이면 그 또한 서운하다. 문제는 주고받는 양을 객관적으로 측정할 수 없다는 데 있다. 그것은 늘 주관적이다. 항상 자신은 손해 보는 것 같다. 그뿐 아니라 주고받음은 상대적이다. 사람에 따라 더 주고 싶은 사람이 있는가 하면 그렇지 않은 사람도 있다. 더 주고 싶은 경우는 상대방이 그만큼 내게 잘해줬기 때문이다.

서운함은 표현해야 한다. 감정은 꺼내놓는 것만으로도 한결 가벼워진다. 다만 그 대상이 서운함을 들어줄 만한 사람인지, 고깝게 듣지 않을 정도로 신뢰가 쌓인 관계인지 따져봐야 한다. 서운함을 표현할 때는 최대한 감정을 빼고 사실 중심으로 담담하게 말한다.

● ○

다음은 열등감이다. 열등감은 자신이 상대보다 못하다는 생각, 나만 뒤처진 느낌이다. 그 뿌리는 비교다. 열등감은 과도한 자기비하로 방어적인 태도를 낳고, 친밀한 관계를 유지하는 데 걸림돌이 된다. 열등감을 감추기 위해 과장되게 행동하거나 상대를 평가 절하하는 행위도 관계를 악화시킨다.

내가 감정의 주인이다. 감정을 느끼되 휘둘리진 말자. 감정이 태도가 되지 않게 하자. 이를 위해 감정과 사실을 분리할 필요가 있다. 열등감을 느끼는 것과 상대가 나를 무시한다는 사실 간에는 상관관계가 없다. 상대가 나를 무시한 적도 없는데 열등감을 느끼는 경우가 대부분이다. 이처럼 열등감은 외부에서 오는 게 아니라 자기 안에서 조용히 피어오른다.

열등감을 느낄 때 나는 몇 가지 조치를 한다. 우선, 그보다 잘할 수 있는 일에 집중한다. 아니면 그와 다른 가치를 추구하고 다른 목표를 세워 다른 길을 간다. 그가 잘났다는 걸 인정하고 배우겠다는 자세를 취하거나, 나만의 기준과 속도로 살아가겠다고 다짐하기도 한다.

마지막 감정은 소외감이다. 관계에서 배제돼 혼자라고 느끼는 감정이다. 우울감도 여기서 비롯한다. 군중 속의 고독이다. 비대면 소통과 만남은 무수히 늘어났지만, 직접적인 감정 교류는 현저히 줄어들었다. 이에 따라 너나없이 심한 정서적 고립감을 느낀다. 그 배경에는 인정받고 싶은 마음, 사랑받고 싶은 바람이 있다. 인정받고 존중받고 싶은데 그러지 못해 슬프다. 초연결 시대에 접어들면서 연결되지 못한다는, 보호받지 못하고 있다는 불안감이 더욱 커졌다. 시기와 질투, 열등감 등은 자초한 면이 있지만 소외감은 남에게서 비롯한 측면이 강하다.

독립성을 강화해야 한다. 건강한 관계는 모든 걸 함께하는 관계가 아니라 적절한 거리와 경계를 인정하는 관계다. 타인이나 상황에 휘둘리지 않고 내 감정의 주인이 된다. 상대의 감정을 존중하되, 그것이 내 기분을 좌우하지 못하게 한다. 모든 사람과 관계가 좋아야 한다는 강박도 내려놓을 필요가 있다. 모두가 내 감정을 이해해줄 필요는 없다. 만나면 헤어지고 떠나면 돌아오게 마련이라고 생각하는 순간, 관계가 훨씬 편해진다.

감정의 파도는 누구에게나 시시때때로 찾아온다. 고를 수도, 누를 수도, 피할 수도 없다. 감정은 억누르면 더 거세지고, 급기야 거대한 파도가 되어 나를 덮친다. 감정은 또한 불쑥 찾아오는 손님과도 같다. 붙잡지 않으면 절로 떠난다. 감정은 그릇에 담긴 물과 같아서 조금이라도 기울기 시작하면 한순간에 쏟아져 내릴 수 있다. 평형을 잃지 말아야 한다. 감정을 다스리는 것이 나를 돌보고 관계를 지키는 일이다.

감정은 그릇에 담긴 물과 같아서
조금이라도 기울기 시작하면
한순간에 쏟아져 내릴 수 있다.
평형을 잃지 말아야 한다.

3장

리더십

잘 익어가는
어른의 영향력

나는 괜찮은 어른이 됐는가

공자가 말하기를 '군자삼계君子三戒'라고 했다. 청년기엔 여색을, 중년기엔 다툼을, 노년기엔 아집을 경계해야 한다는 뜻이다. 나이가 들수록 판단력이 흐려지는데, 자기 생각을 고집하는 것이야말로 위험한 일이니 각별히 주의를 기울여 단속해야 한다고 했다.

예순을 넘기며 깨달은 게 있다. 어른의 척도는 나이가 아니라는 사실이다. 나이를 먹었다고 다 어른이 되는 건 아니다. 나이가 성장을 보장해주진 않는다. 나이는 시간이 지나면 늘게 마련이지만, 성숙함은 거저 주어지지 않는다. 나이가 들었어도 어른답지 못하면 어른이 아니다. 어린 사람도 어른답게 의젓한 사람이 있는가 하면, 나이가 들었어도 여전히 의젓잖은 사람도 있다. 어른답지 못한 어른이 많으면 사회는 미성숙 상태에 머문다.

● ○

우리 사회는 나이에 민감하다. 차량 접촉사고가 나거나 말다툼이 벌어지면 "너, 몇 살이야?" 하며 나이부터 따지고 든다. 논리가 막히거나 상황이 불리해지면 여지없이 나이가 등장한다. 처음 만나는 사이에서도 나이로 서열을 정리한 후 얘기를 시작한다. 참으로 나이를 중시하고 따진다.

나는 사회생활을 늦게 시작한 탓에 어느 직장에 가든 동기들보다 형이었고, 내 직속 상급자와 비슷한 연배였다. 어쩔 수 없이 어른스럽게 행동해야 했다. 입사 동기들보다 점잖아야 했고, 같은 연배의 상사에게 책잡히지 않기 위해선 어른스러워야 했다.

직장생활에서는 응당 연공서열이 강조됐다. 근속 연수나 나이가 늘어감에 따라 지위가 올라가는 일을 당연하게 여겼다. 능력이나 실적보다는 근무 연수나 나이가 중요했다. 사석에서야 한두 살 차이 나는 정도는 말을 놓고 지내기도 했지만, 공적으로는 나이에 엄격했다. 나이가 적은 사람은 어린 사람으로서 나이에 걸맞게 말하고 행동하느냐 아니냐가 중요했고, 그런 태도와 자세가 그 사람의 평판과 사회생활의 성패를 좌우했다.

내가 어렸을 적만 해도 오래 살았다는 것만으로도 대접받던 시절이었다. 그도 그럴 것이 오래 사는 것 자체가 쉽지 않았기 때문이다. 환갑을 맞으면 성대한 잔치를 베풀어 장수를 축하할 정도로 평균수명이 60세 언저리를 맴돌았다. 그뿐만이 아니라 당시엔 경험이 가장 중요한 덕목이었다. 지식과 정보가 부족한 상황에서 경험만큼 귀한 것이 또 있으랴. 경험은 대체로 나이에 비례했다. 그야말로 나잇값이 비싼 때였다.

하지만 이제 나이 먹은 것이 벼슬인 시대는 지났다. 상대보다 나이가 많다는 이유만으로 함부로 대하는 자세는 더 이상 용인되지 않는다. 나이를 무기 삼아 군림하려 하면 사회에서 고립돼 더욱더 외로워질 수밖에 없다. 이런 노인을 젊은이들은 '꼰대'라고 부르며 경계한다.

지금은 누구나 오래 산다. 2024년에 우리나라의 만 65세 이상 인구가 1,000만 명을 넘어섰고, 이들이 전체 인구의 20% 이상인 초고령사회에 진입했다. 그뿐 아니라 지난 세대의 경험이 이젠 그다지 유용하지 않다. 요즘같이 급변하는 세상에서는 과거 경험이 미래를 점치는 나침반 역할을 하기 어렵다. '노인 한 사람이 죽으면 도서관 하나가 불타 없어지는 것과 같다'는 말은 옛말에 불과해졌다.

● ○

그에 반해 어른으로 살아가는 기간은 길어졌다. 직장에서 은퇴하고도 수십 년을 더 살아야 한다. 어른답게 살 필요성이 더 커진 것이다. 그렇다면 어떤 사람이 어른이고, 어떻게 사는 것이 어른다운 삶일까? 나는 어른다움을 이렇게 정의하고 싶다.

첫째, 배울 점이 있어야 한다. 어린 세대의 모범이 돼야 어른이다. 젊은 세대가 노인 세대에 불편한 시선을 보내는 것은 노인이 자기 책임은 다하지 않으면서 권위를 내세우며 대접받으려고만 해서일 것이다. 어른이 어른으로서 당당하게 대우받기 위해서는 은퇴 후에도 심신을 연마하고 공부해야 한다. 성장과 발달이 학창 시절과 직장생활 시기에 끝나선 안 된다. 학습과 성장은 생을 마감할 때까지 전 생애에 걸쳐 이뤄져야 한다. 그러지 않으면 이른바 '고인 물'이 되어 쉰내 나는 노인네 취급받기 십상이다.

둘째, 자신의 선택에 책임지는 자세를 가져야 한다. 좋지 않은 결과에 대해 투정 부리거나 투덜대지 않고, 어리광 부리며 남에게 기대지 않고, 의연하고 의젓하게 홀로 설 수 있어야 한다. 그게 어른이다. 국어사전에서 '어른'을 찾아보면 '다 자라서 자기 일에 책임을 질 수 있는 사람'이라고 뜻풀이가 돼 있다. 어른이란 자신의 인생에 떳떳이 책임을 질 수 있는 사람이다.

셋째, 말조심해야 한다. 발언 기회를 독점하거나 잘난 척하지 말아야 한다. 입을 열기 전에 귀를 먼저 열어야 한다. 입은 닫고 지갑은 열라는 말도 있지 않은가. 지갑 문제라면 오히려 간단하다. 상대가 요구하기 전에 먼저 지갑을 열든가, 이것이 부담스러우면 아예 자리를 만들지 않으면 된다. 하지만 말을 줄이기는 쉽지 않다. 고정관념이나 한정된 경험의 벽 안에 자신을 가두지 않도록 경계해야 한다.

끝으로, 어른이 되기 위해선 지혜로운 판단을 할 수 있어야 한다. 어른은 어른으로서 진실과 거짓, 선과 악을 분별할 줄 알아야 한다. 이를 위해선 선조들의 가르침대로 '3노'를 삼가야 한다. 노여움, 노파심, 노욕이 그것이다. 나이를 먹을수록 세상에서 소외된다고 여겨 섭섭함을 느끼기 쉽지만, 이를 인정하고 노여운 감정을 다스려야 한다. 쓸데없는 걱정이 많아져 자꾸 간섭하거나 잔소리가 늘기 쉬우니 이를 조심해야 하며, 예의와 염치를 차릴 필요가 없어져 고약한 노인네가 되기 쉬우니 마음을 비우고 욕심을 버려야 한다.

나이를 먹었는데 나잇값을 못 하는 것이야말로 꼴불견이다. 흔히 '나잇값'은 특정 나이에 어울리는 사회적 규범과 기대를 충족하는 것을 뜻한다. 나잇값은 나이만큼 쳐주지 않는다. 누구나 노인이 되지만, 아무나 어른이 될 수 있는 건 아니다. '노인은 많지만 어른은 드물다'는 말이 나오는 것도 그런 연유에서다.

이 글을 쓰려고 온라인 서점에서 '어른'을 검색해봤다. 지금은 절판된, 일본의 만화가 야마다 레이지山田玲司가 쓴 『어른의 의무』란 책이 눈에 띈다. 그는 멋지게 나이 드는 것이야말로 어른의 '의무'라고 말한다. 어른이 멋있게 늙어가야 젊은 세대에게 본보기가 되고, 그래야 희망이 있다는 것이다. 그러기 위해 불평하지 말고, 잘난 척하지 말며, 기분 좋은 상태를 유지하라고 당부한다.

예순을 훌쩍 넘은 지금, 나는 그저 나이 든 노인으로 늙어갈 것인가 아니면 진정한 어른이 될 것인가 하는 분기점에서 있다. 머리가 희끗희끗해지고 주름살이 느는 건 어찌할 수 없을지라도, 고집불통의 꼰대는 되지 말아야겠다고 다짐하고 또 다짐한다.

나이를 먹었다고 다 어른이 되는 건 아니다.
나이가 성장을 보장해주진 않는다.
나이는 시간이 지나면 늘게 마련이지만,
성숙함은 거저 주어지지 않는다.

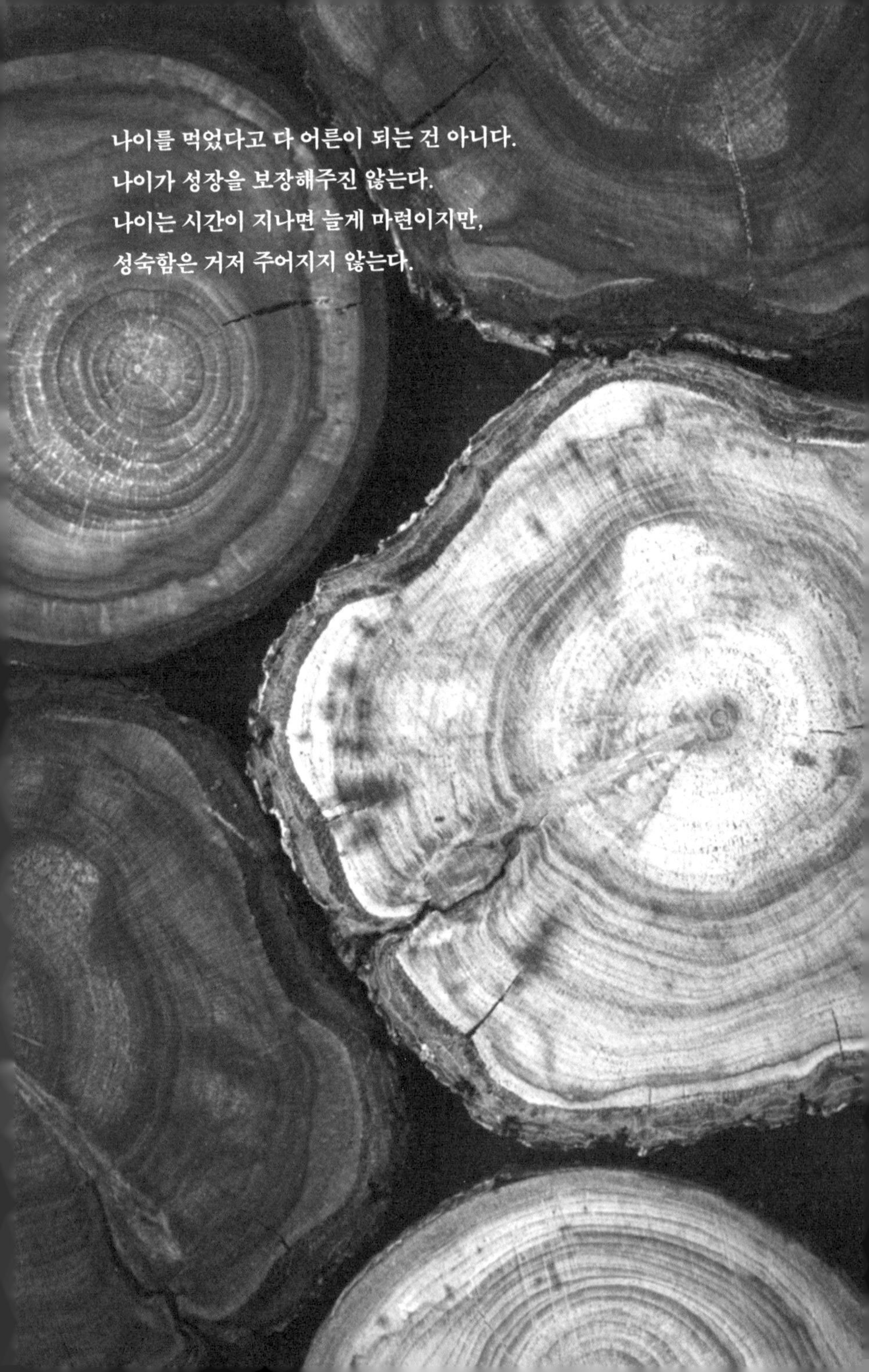

경쟁적 협력 관계로 이끌어라

우리 모두는 연결돼 있다. 동시에 우리는 서로 다르다. 그것이 우리의 현실 세계이고 관계의 본질이다. 서로 다른 사람이 연결되는 방식은 두 종류인데, 경쟁 관계와 협력 관계다. 나는 경쟁을 잘했다. 남보다 앞서기 위한 경쟁이 아니라 윗사람에게 잘 보이기 경쟁을 했다. 위만 보고 살았다. 윗사람 마음에 들기 위해 노력했고, 대부분의 경우 윗사람과 관계가 좋았다.

나뿐 아니라 우리 세대는 경쟁하며 성장했다. 우리 국민은 경쟁을 잘한다. 승부욕과 경쟁심도 강하다. 전쟁의 폐허에서 세계 10대 경제 강국으로 어떻게 성장할 수 있었겠는가. 가진 것이라고는 사람밖에 없었는데 말이다. 바로 경쟁을 잘했기 때문이다. 대통령을 모시고 해외 순방을 갔을 때도 실감했다. 우리 교민은 세계 어디서나 일정 수준 이상으로 잘산다. 그만큼 경쟁을 잘한다.

나는 경쟁을 잘해 마침내 대통령 연설비서관이 됐다. 그때 처음으로 경쟁만이 능사가 아니라는 사실을 깨달았다. 경쟁에는 협력이 뒷받침돼야 했다. 경쟁만 잘해서는 다른 비서관들과의 경쟁에서 이길 수 없다. 나와 함께 일하는 행정관들이 협력해줘야 비로소 경쟁에서 이길 수 있었다.

●○

협력을 끌어내려면 어떻게 해야 할까? 내가 찾아낸 답은 '공유'다. 나는 동료들에게 정보, 일, 시간의 공유를 제안했다. 우선 아는 것을 공유해야 한다. 성격이나 종류와 상관없이 조직은 아는 것으로 움직인다. 아는 만큼 일을 잘할 수 있다. 정보가 실력이자 권력이다. 우리는 이 정보를 공유하기로 했다. 대통령이 비서관을 찾으면 행정관들과 함께 가서 들었다. 부득불 혼자 듣게 된 경우에는 낱낱이 공유했다. 또한 정보가

수평으로 흐르게 했다. 그래서 행정관들 사이의 정보격차도 해소했다. 많이 아는 사람의 지식이나 경험, 노하우가 그렇지 못한 사람에게 흘러가도록 수시로 모였다. 아는 수준의 비대칭에서 벗어나 상향평준화를 이루는 단계로 나아갔다.

다음으로, 일의 공유다. 행정관 네 명이 하던 연설문 작업에 비서관인 나도 참여했다. 그 대신 비서관이 하던 연설문 고치는 일도 다섯 명이 함께했다. 감독이 따로 있지 않았다. 모두가 선수로 참여했다. 연설문 고치는 일을 함께하니 자신이 맡은 분야 이외의 글도 잘 알게 됐고, 한 사람에게 일이 몰릴 때는 다른 사람이 일손을 덜어줄 수 있었다. 도와준 사람이 바쁘면 이를 갚아주는 식으로 일을 공유했다.

끝으로, 직장인에게 가장 소중한 자원인 시간도 공유했다. 방법은 함께하는 자리를 자주 갖는 것이다. 연설문 초안이 나올 때마다 쓴 사람이 한 단락씩 읽으면 나머지 네 명이 고쳐줬다. 혼자 쓰는 시간은 최소화하고 함께 모여 고치는 시간을 늘려나갔다. 고치는 시간은 학습의 시간이기도 했다. 시간이 흐르면서 실력이 엇비슷해졌고, 결과물의 품질도 좋아졌다. 함께 모이는 시간을 제외한 나머지 시간은 자율적으로 썼다. 할 일이 없으면 일찍 퇴근하고, 회의가 없는 날은 사무실에 굳이 나오지 않아도 됐다.

일의 최종 결과로 주어지는 인센티브 배분도 고민했다. 한 명에게 몰아주는 무한경쟁 방식, 성과에 따라 분배하는 차등 경쟁 방식, 공동기금으로 쓰거나 똑같이 나눠 갖는 비경쟁 방식 등 의견이 분분했다. 결국 n분의 1로 나눠 가졌다. 경쟁보다 협력의 길을 선택했다.

● ○

지금은 협력을 잘해야만 경쟁에서 이길 수 있는 시대다. 서로 다른 게 섞여 새로운 것을 만들어내는 시대가 됐다. 협력에서는 차이가 중요하다. 서로 다르고 차이가 있어야 시너지 효과를 낸다. 차이를 긍정하고 다름을 인정하는 토대 위에서 개방하고 공유할 때, 상생과 공존의 협력 관계가 빛을 발한다.

물론, 경쟁에도 순기능은 있다. 승부욕에 불을 붙여 생산성과 집중력을 높인다. 자본주의가 발전할 수 있는 동력이기도 하다. 그러나 경쟁 관계에는 필연적으로 갈등이 따른다. 우열과 서열이 등장하고 대립과 반목, 질시가 생겨난다. 내부 경쟁이 치열해질수록 팀워크가 나빠져 성과가 떨어지고 품질 향상에 장애가 된다는 연구 결과도 많다. 경쟁을 부추겨 일의 강도를 높이고 품질을 향상시키는 방식은 이제 시효를 다했다.

하지만 현대사회에서 경쟁은 불가피하다. 욕망은 큰 데 비해 자원은 한정돼 있기 때문이다. 협력의 목표도 경쟁에서 승리하는 일이다. 협력을 통해 경쟁에서 이겨야 한다. 문제는 이게 쉽지 않다는 점이다. '죄수의 딜레마prisoner's dilemma'가 이를 잘 보여준다. 협력적인 선택이 모두에게 이익임에도 자신의 이익만을 좇음으로써 모두에게 불리한 결과를 초래한다는 이론이다.

결국 조화를 이루되 다름을 추구해야 한다. 맹목적인 경쟁과 무조건적인 협력은 모두 무모하다. 다양성을 존중하면서 조화롭게 살아야 한다. 협력cooperation과 경쟁competition이 결합한 경협coopetition, 즉 '경쟁적 협력 관계'를 만들어가야 한다. 일상적으로는 경쟁하되 사안별로 협력하거나, 협력과 경쟁 분야를 나눠 관계를 맺을 수도 있다. 예를 들어 생산과 마케팅 분야는 경쟁하지만, 연구개발 부문은 협력하는 식으로 말이다. 이제는 경쟁자와도 협력한다. 말하자면, 협력 잘하기 경쟁을 하는 시대가 왔다.

이상적인 협력은 상호 보완관계로 나아가는 일이다. 아내와 나는 거의 완벽에 가까운 보완관계다. 나는 소극적·부정적·비관적인 데 반해, 아내는 적극적·긍정적·낙관적이다. 나는 모든 일을 대할 때 안 좋은 결과를 예상한다. 그것을 피하기 위해 아예 하지 않거나, 미리 준비하고 연습한 후 착수한다. 아내는 전혀 다르다. 좋은 쪽으로 결과를 예상하고, 일단 시작한다. 아내가 가속장치라면 나는 제동장치다. 대부분의 경우 중간 지점에서 타협하고 절충한다.

보완관계가 성립하는 조건은 다양하다. 한쪽은 남아돌고 다른 쪽은 모자랄 때는 각자가 가진 장점으로 상대의 단점을 메워준다. 너트와 볼트처럼 서로 맞물려야 제 기능을 발휘하거나, 커피와 설탕처럼 한쪽과 다른 쪽이 합해졌을 때 부가가치가 더 클 때도 보완관계를 이룬다. 서로 다른 게 섞여 새로운 것을 창출해내는 경우도 그렇다.

나는 연설비서관 시절 이런 상호 보완의 효능을 체험했다. 이전까지 경제 분야 연설문만 썼던 내 글에 정무·외교·문화 분야를 담당하는 행정관들이 각기 다른 시각에서 내용을 가미해주니 글의 완성도가 올라갔다. 일이 몰린 사람은 바빠서 짜증 나고, 한가한 사람은 일이 없어 눈치를 보는 일도 사라졌다. 무엇보다, 대통령에게 혼이 나건 칭찬을 받건 희로애락을 함께하게 됐다. 정보와 일과 시간의 공유를 통해 한배를 탄, 운명 공동체 관계를 만든 셈이다.

강자의 덕목과 약자의 덕목

"직원 바꿔!"

"제가 직원인데요."

"직원 바꾸라니까?"

"제가 직원이니까 말씀하세요. 그런데 왜 반말하시는 거죠? 제가 여자라서 그런가요? 아니면 전화 거신 분이 나이가 많아서 그런가요? 그것도 아니면 상급기관이라 그런 겁니까?"

이 대화에서 '직원 아닌 직원'은 아내다. 아내는 1980년대

후반 금융기관에서 일했다. 당시 '하늘 같은' 감독기관에서 걸려온 전화를 받은 아내가 다짜고짜 반말하는 이유를 묻자 상대는 전화를 끊었다. 잠시 후 부서장 호출이 있었고 불호령이 떨어졌다. 연장자 혹은 남성이란 사실이 권력이던 시절이었다. 어린 여성이 바른 소리를 하면 '여자 주제에 건방지다'는 소릴 들어야 했다.

세상의 모든 관계는 강자와 약자의 권력관계다. 상사와 부하, 중앙부처와 산하기관, 사용자와 노동자, 구매자와 판매자, 심지어 선생님과 학생, 부모와 자식도 그렇다. 권력관계에서는 명령하는 사람과 복종하는 사람, 지배하는 사람과 억압받는 사람, 가해자와 피해자, 서열과 위계가 만들어진다. 힘이나 돈, 영향력에 따라 수직 관계, 상하 관계, 주종 관계가 형성되는 것이다.

대부분 강자는 약자 여럿을 거느린다. 강자 하나에 약자는 다수다. 강자는 약자들을 평가하고, 그중에서 선택할 권한이 있다. 그에 반해 약자는 강자에게 잘 보이기 위해 경쟁해야 한다. 강자의 마음에 들지 않으면 언제든 도태될 위험을 안고 산다. 강자가 약자의 목줄을 쥐고 있는 셈이다. 이것이 약자의 비애이자 누구나 강자가 되려고 하는 이유다.

하지만 역설적이게도 강자는 힘이 세질수록 강자로서의

지위를 잃을 가능성이 커진다. 예를 들어 회사 조직에서 부서장일 때보다는 임원일 때, 임원일 때보다는 사장일 때 잘릴 확률이 높다. 힘을 가질수록 더 많은 역할을 요구받는데, 그 많은 일을 제대로 해내기가 어려워지기 때문이다. 또한 위로 올라갈수록 힘센 사람의 눈에 잘 띄어 작은 잘못도 숨길 수 없게 된다. 힘이 강해질수록 더 위험해져 그 지위를 누릴 시간이 얼마 남지 않게 되는 것이다.

강자라고 언제까지나 강자인 것은 아니다. 약자도 마찬가지다. 강자가 약자가 되고 약자가 강자가 될 수도 있다. 이런 역전과 패자부활이 가능한 것이 민주주의다. 강자는 언제든 약자가 될 수 있기에 겸손하고, 약자는 강자가 될 수 있다는 희망으로 분발한다. 또한 강자는 누군가에게는 약자이고, 약자 역시 누군가에게는 강자다. 따라서 세상에 누구도 넘볼 수 없는 사람은 없고, 누구나 업신여길 수 있는 대상도 없다. 강자와 약자가 사슬처럼 엮여 있을 뿐이다.

●○

강자에게 가장 필요한 덕목은 아량이 아닐까 싶다. 강자는 베풀어야 한다. 모든 관계에서는 거래가 일어난다. 거래 품목에는 돈이나 현물같이 눈에 보이는 것도 있고 사랑과 존경처럼 보이지 않는 것도 있다. 그것이 무엇이든 거래 방식은 다섯 가지다. 먼저 주고 나중에 받느냐, 먼저 받고 나중에 주느냐, 동시에 주고받느냐, 일방적으로 주기만 하느냐, 받기만 하느냐.

이 가운데 강자는 먼저 주고 나중에 받는 방식을 택하는 게 맞다. 일방적으로 주기만 하는 거래도 좋지만, 그런 관계는 여간해선 오래가기 어렵다. 아무리 호인이라고 해도 베풀기만 하는 건 한계가 있기에 그렇다. 먼저 주고 나중에 받는다는 의미는 다양하다. 약자에게 변화를 요구하기 전에 강자가 먼저 변하는 모습을 보여주는 것, 약자들이 싫어하는 일을 솔선수범해 보이는 것, 일이 잘못됐을 때 남 탓하지 않고 자신부터 돌아보는 것, 자기 말을 따라줄 것을 기대하기 전에 자신부터 몸을 낮추고 경청하는 것 등이다.

그 방식이 어떻든 남에게 베푸는 일은 결국 자신에게 베푸는 일이다. 성경에도 '남에게 대접을 받고자 하는 대로 너희도 남을 대접하라'고 쓰여 있지 않나. 혹여 심은 대로 거두지 못하더라도 그런 정도의 위험 부담은 감수할 용의를 가져야 하는 게 강자의 자리다.

그런데 통상 강자는 먼저 받고 나중에 주거나, 일방적으로 받기만 하는 경우가 많다. 기껏해야 상호주의를 내세우며 주고받기를 동시에 하려고 한다. 그러나 이는 베풂과는 거리가 멀다. 강자는 주는 대로 받는다는 진리를 믿어야 한다. 내가 베풀면 상대도 베풀 것이라는, 사람의 선의를 믿어야 한다.

● ○

그렇다면 약자에게 필요한 덕목은 무엇일까? 나는 문제의식과 저항 정신이라고 본다. 한마디로 깨어 있어야 한다. 강자는 발언권과 영향력이란 무기를 갖고 있다. 발언권이 세기에 몇몇 강자의 말은 여론이 되고 모든 사람의 말로 둔갑한다. 강자는 조직이라는 방패도 갖고 있다. 소아小我를 버리고 조직을 위해 희생하라고 한다. 강자의 이익에 불과한 일도 모두의 번영을 위해 그래야 한다고 윽박지르고, 이에 따르지 않으면 이기주의자라고 매도한다.

강자는 또한 지금까지 그래왔다며 전통을 강조하기도 한다. 그래야 하는 게 우리의 문화라고 강변한다. 그들이 강자가 될 수 있었던 환경을 유지하고 더 강고하게 다지고 싶은 것이다. 이에 응하는 게 구성원의 마땅한 도리라고 말한다. 따르지 않으면 "너는 태도가 글러먹었다"라며 약자에 대한 부당한 대우를 정당화한다.

약자는 이런 강자의 논리에 휘둘려선 안 된다. 아무리 강자의 요구라고 하더라도 모든 걸 들어줄 순 없다. 또 강자의 말이 모두 옳은 것도 아니다. 옳지 않은 것은 하늘이 두 쪽 나도 들어줘선 안 된다.

약자는 또한 누군가에게 당한 피해를 다른 누군가에게 전가하거나 대물림하는 방식으로 가해자 대열에 끼는 우를 범하지 말아야 한다. 손해와 불이익이 따르더라도 나부터 부당한 먹이사슬의 고리를 끊어내겠다는 단호함이 필요하다.

아내가 은행 지점에서 공과금 수납 업무를 담당했을 때의 일이다. 공과금 내는 마감 날, 영업시간이 끝났는데도 객장 안은 사람으로 붐볐다. 시간 안에 시재(입출금)를 맞춰야 하는 창구 여직원들은 발을 구르며 수납 업무를 처리했고, 일부 남자 직원과 상사들은 뒤쪽에서 팔짱 낀 채 구경만 했다. 죽었다 깨어나도 시간 안에 업무를 처리할 수 없다고 판단한 순간, 아내는 “나 못 해!”라는 단말마의 외침과 함께 돈 수납통을 집어 던졌다. 지폐와 동전이 사방으로 튀었고, 객장은 일순 조용해졌다.

마감 시간이 지났음에도 으레 받아주리라 믿고 뒷문을 통해 들어오는 고객들과 바쁜 창구 직원들을 뒤로한 채 한가하게 잡담하는 남자 직원들에 대한 분노가 한꺼번에 터져 나온 것이다. 숙직실로 들어갔던 아내가 30분쯤 지나 나와 보니 뒤에서 노닥이던 직원 모두가 달려들어 업무를 거의 다 처리해놓았다. 이후 아내는 인사 때마다 승진자 명단에서 제외되곤 했지만, 지금도 그날의 돈통 투척 사건을 자랑스럽게 얘기하고 다닌다. 이를 계기로 마감 시간이 지나서 오는 손님이 크게 줄었고, 바쁜 직원이 있으면 서로 도와주려는 분위기가 조성됐다면서 말이다.

평판,
관계의 출발점이자 종착점

나는 내가 둘이다. 하나는 내가 아는 나이고, 다른 하나는 남들이 아는 나다. 이 둘은 일치하지 않는다. 내가 아는 나보다 남들이 아는 내가 더 나을 수도, 그렇지 않을 수도 있다.

신입사원 때 첫 번째 맡겨진 일이 그 회사 역사를 책으로 쓰는 일이었다. 그야말로 개발새발 썼는데, 나는 책을 쓴 사람이 됐다. 내가 아는 나는 글을 못 쓰는데, 사람들은 내가 글을 잘 쓴다고 했다. 그런 연유로 김우중 대우그룹 회장의 글을 쓰게 됐고, 김우중 회장 글을 썼다는 이유로 김대중 대통령의 글을 쓰게 됐다. 노무현 대통령의 글을 쓸 기회도 그렇게 주어졌다. 이 과정에서 실제 내 글쓰기 실력을 아는 사람은 없었다.

나 자체는 중요하지 않았다. 남들이 나를 어떤 사람으로 아느냐가 중요했다. 나에 대한 남들의 인식과 평가가 나의 행로를 결정했다. 남들이 인정해주면 잘될 수 있었고, 그러지 않으면 잘될 수 없었다.

부모님을 비롯해 선생님이나 직장 상사 모두 내게 '너는 이래야 한다', '너는 이럴 것이다' 같은 말을 했다. 그런 기대는 늘 나의 역량을 초과했다. 나보다 나은 나를 기대한 것이다. 시간을 들여 기대치를 충족해내면 "그래, 되잖아. 너는 그렇다니까?"라면서 더 높은 기대치를 제시했다. 더, 더, 더. 더욱 더! 그렇게 나는 남들의 기대에 부응하는 삶을 살아왔다. 그리 살다 보니 원래의 내가 나인지, 남들이 그렇다고 생각하는 내가 나인지 구분하기가 어려워졌다. 다른 사람의 생각에 이끌려 내가 아닌 나로 살았다.

나답게 살지 못한다는 게 나쁘기만 한 건 아니다. 어쩌면 수지맞는 장사라고도 할 수 있다. 나보다 나를 더 높게 쳐주니 항상 이익이다. 실제 가치는 얼마 되지 않는데 시장에서 내 가치를 높게 쳐주는 것이다. 본질 가치는 보잘것없는데 시장가격은 높게 매겨졌다. 기대에 부응하기 위해 노력하는 과정에서 성장도 한다. 기대치를 맞추기 위해 안간힘을 쓰면서 실제로 내 실력이 올라간다. 어디 그뿐인가. 기대를 충족해주는 나를 사람들은 소개하고 추천해주며, 발탁하기도 한다. 한마디로 입신양명立身揚名한다.

● ○

내가 서울에 올라온 건 1982년이었다. 이즈음 서울 사람 가운데 나를 아는 사람은 손에 꼽았다. 모르는데 누가 나를 쓰겠는가. 누군가는 알아봐주고 끌어줘야 뭐라도 할 수 있지 않겠는가. 서울 생활 40여 년은 나를 아는 사람을 늘려온 역사이자, 나에 대한 남들의 기대를 충족하기 위해 몸부림쳐온 과정이었다.

평판은 나에 대한 세상 사람들의 평가다. 사람은 누구나 좋든 싫든 타인의 평가를 받는다. 그래서 남들의 시선을 의식하고 주변의 평가에 신경 쓰며 살 수밖에 없다. 사람들과 관계를 맺으면서 살아가는 인간에게 평판이란 어쩌면 숙명인지도 모른다. 그런 면에서 평판은 관계의 출발점이면서 종착점이라고 할 수 있다.

유난히 당차고 의젓한 후배가 있었다. 자기 몫은 늘 반듯하게 해냈다. 다만 입바른 소리를 잘했다. 윗사람들은 그를 못마땅해했다. 그러다 사달이 났다. 교정 일을 하던 그가 실수를 저지른 것이다. 아무개 대통령을 아무개 대령으로 표기한 것을 걸러내지 못했다. 군부 출신 '대통령'을 '대령'으로 강등시킨 것이다.

회사가 발칵 뒤집혔다. 일벌백계해야 한다며 퇴직 처분을 내렸다. 후배는 이 같은 처분이 부당하다며 노동관계 기관에 이의를 제기해 몇 개월 만에 회사로 돌아왔지만, 이후의 생활은 쉽지 않았다. 회사의 조치에 항명했다는 꼬리표가 따라다녔다. 그런 평판에 갇혀 승진에서도 번번이 누락되는 수모를 겪다가 직장생활을 마감해야 했다. 이런 일들이 비단 수십 년 전 과거의 이야기만은 아니다. 지금도 비일비재하다.

평판은 힘이 세다. 사람들이 나를 두고 '저 사람은 이러저러하다'라고 말하면 나는 그런 사람이다. 물론 이런 평판을 무시하고 살 수도 있다. 아내가 그렇게 산다. 세상이 아직 자신을 모른다고, 알아주지 않는다고 불만이다. 아내 말도 맞다. 평판이 늘 옳은 건 아니다. 오히려 정반대인 경우도 많다. 사람들은 다른 사람에게 그다지 관심이 없다. 다른 사람의 좋지 않은 평판을 즐길지도 모른다. 하지만 자신에 대한 평판이 잘못됐다고 한탄할 수만은 없다.

『탈무드』에서 말하듯 '평판이 최고의 소개장'이 되는 시대다. 사람이든 기업이든 자신의 평판을 의식하고 살펴야 한다. 우리는 산에 오를 때 그 산을 온전히 볼 수 없다. 산에서 떨어져 나와 멀찍이서 바라봐야 봉우리는 몇 개이고, 능선은 어떻게 생겼는지 알 수 있다. 내가 증권사에서 일할 때도 주식의 내재가치보다는 투자자들이 그 주식을 얼마나 사는지 거래량을 봐야 한다고 배웠다. 나를 제대로 알고 싶다면 다른 사람이 나를 어떻게 생각하고 평가하는지 평판을 파악해야 한다. 그런 면에서 평판은 나를 보여주는 '사회적 거울'이자 남이 씌워주는 월계관과 같다. 그렇다면 어떻게 해야 영광의 월계관을 쓸 수 있을까?

●○

진솔하고 정직한 태도는 좋은 평판의 기본이다. 문제가 발생했을 때 변명하지 않고 솔직하게 상황을 설명한 뒤 해결책을 제시하면 신뢰를 얻을 수 있다. 다른 사람의 의견을 존중하는 자세도 중요하다. 상사나 동료가 제시하는 의견을 적극 반영해 자신을 개선하고 보다 나은 성과를 거두면 긍정적인 평가를 받을 수 있다. 나아가 누군가가 어려움을 겪을 때 어떻게든 도와주려 하면, 주변에 좋은 에너지를 전파하는 것은 물론 자연스럽게 호감을 얻을 수 있다. 전문성과 실력도 갖춰야 한다. 자기가 맡은 일을 등한시하며 좋은 평판을 얻기란 불가능하다.

한 선배는 '점심값은 모두 내고, 아는 사람의 장례식에 모두 가는' 이 두 가지만 일관되게 하면 좋은 평판을 얻을 수 있다고 했다. 평판을 쌓는 자신만의 노하우다. 하지만 평판은 유리그릇 같아서 깨지기 쉽다. 좋은 평판을 쌓는 데는 오랜 시간이 걸리지만, 무너지는 건 순식간이다. 세계적인 투자가 워런 버핏은 이렇게 말하기도 했다.

"평판을 쌓는 데는 20년이 걸리지만, 무너지는 데는 고작 5분이면 충분하다."

나빠진 평판을 만회하는 데는 갑절의 노력이 필요하다. 평판이 나빠진 이유를 성찰하고, 잘못이 있다면 인정하는 것이 평판을 회복하는 첫걸음이다. 그뿐 아니라 나쁜 소문이나 오해를 방치하지 말고 사실관계를 명확히 설명해 잘못된 정보가 퍼지는 것을 막아야 한다. 이에 더해 나쁜 평판을 극복한 과정을 자기 성장의 기회로 삼아야 한다.

지금 자신의 평판은 어떤지 냉정하게 판단해보자. 좋지 못한 평판을 얻고 있다면 좋은 평판을 만들기 위해 무엇을 해야 할지, 좋은 평판을 얻고 있다면 그것을 유지하기 위해 어떻게 해야 할지 생각해보는 시간을 갖자.

내가 죽음을 맞이할 때를 상상해본다. 그땐 내가 '무엇을 하며 살았는지'보다 '어떤 사람으로 살았는지'가 중요할 것 같다. 살면서 그토록 묻고 늘어졌던 '무엇이 되느냐'가 중요할 리 없다. 모든 게 허망할 뿐. 중요한 것은 좋은 사람으로 기억되느냐 아니냐다. 중요한 정도가 아니라 그게 전부다.

삶은 유한하고 기억은 영원하다. 세상을 뜨고 나면 사람들의 기억을 바꿔놓을 기회조차 없다. 잠시 무엇이 되어 살다가 영원히 나쁜 사람으로 기억되기보다는 아무것도 되지 못했지만 두고두고 좋은 사람으로 기억되는 게 낫지 않을까. "그는 좋은 사람이었어"라는 한마디 이상의 인생 훈장이 있을까.

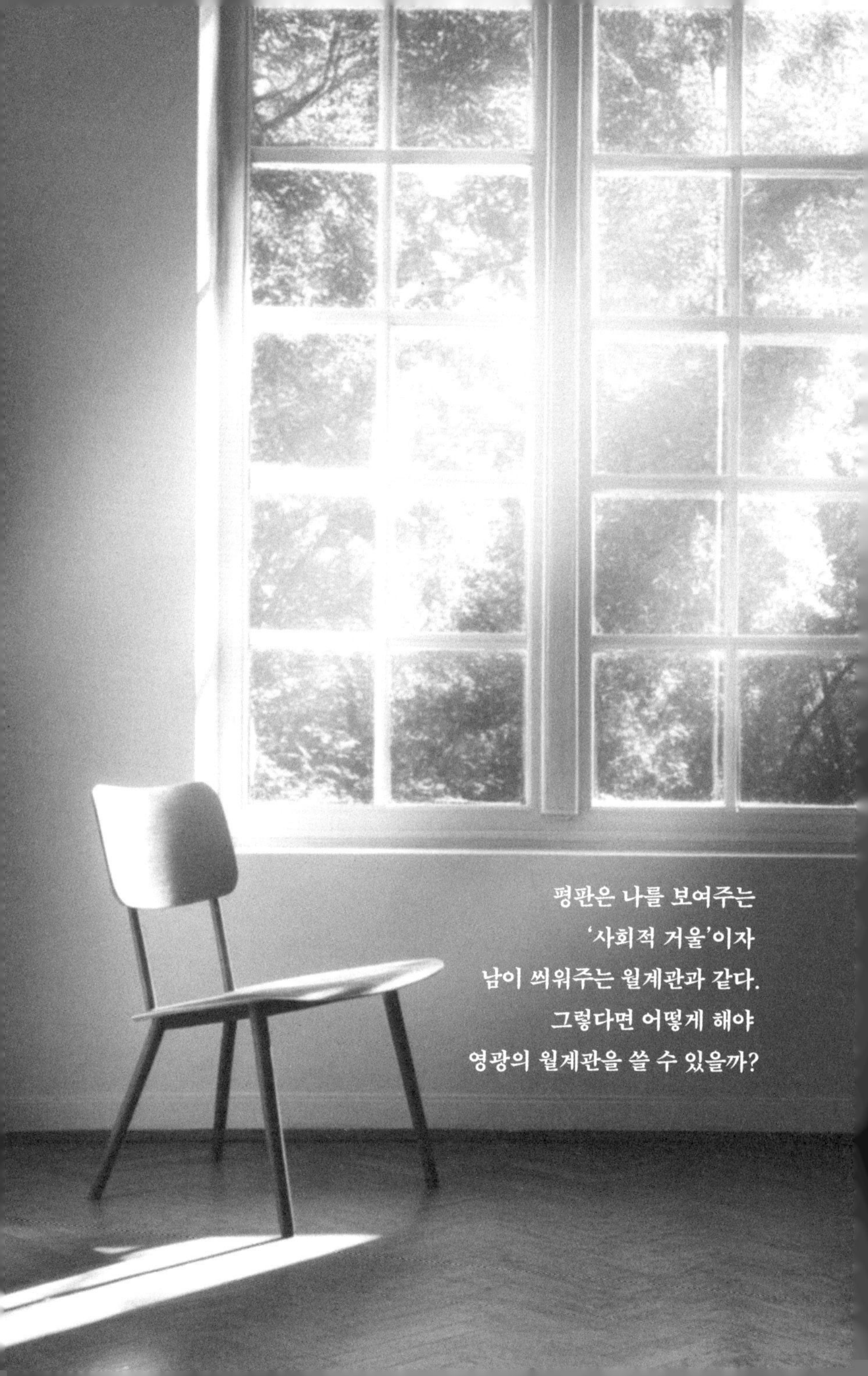
평판은 나를 보여주는
'사회적 거울'이자
남이 씌워주는 월계관과 같다.
그렇다면 어떻게 해야
영광의 월계관을 쓸 수 있을까?

인맥 관리가 아닌
인복 관리

"나는 봉화산 같은 존재야."

노무현 전 대통령의 말이다. 그의 고향 경남 김해 봉하마을의 뒷산, 봉화산은 산맥에 연결돼 있지 않다. 벌판에 불쑥 솟아 있다. 홀로 돌출된 산이다. 대통령은 정치적으로, 사회적으로 특별한 기반이나 세력 없이 홀로 고립된 자신을 이 외로운 산에 비유했다.

그는 태생적으로 인맥 카르텔에 거부감이 컸다. 그런 그가 대통령에 당선되자마자 "인사나 이권을 청탁하면 패가망

신한다는 걸 보여주겠습니다"라고 경고한 건 당연한 일이다. 나는 이 말을 대통령직 인수위원회 파견 근무 때 직접 들었다. 대통령(당시에는 당선자)은 "여러분이 로비를 받으면 정면으로 그 사람에게 경고하고, 그 정보를 하나하나 제게 보내주십시오"라고 주문했다. 그에게 인사 청탁이 왜 이리도 중요한 문제였을까. 그만큼 우리 사회에 청탁이 만연했기 때문이다.

● ○

부패 문제 권위자인 미국 콜게이트대학교의 마이클 존스턴Michael Johnston 교수는 『부패 신드롬Syndromes of Corruption』에서 국가의 부패 유형을 독재형, 족벌형, 엘리트 카르텔형, 시장 로비형으로 나눴다. 그리고 한국을 엘리트 카르텔형 국가로 분류하고 정치인과 고위 관료, 대기업 임원과 언론인 등이 학연·지연으로 뭉쳐 자신의 이익을 추구하는 형태라고 정의했다. 수긍이 가는 진단이다. 우리 주변에서 일어나는 불법 특혜, 부정부패, 뇌물 공여 뒤에는 반드시 연줄이란 인맥이 작동하고 있다. 그러다 보니 '인맥'은 주로 부정적 의미로 쓰인다.

그럼에도 인맥의 중요성은 갈수록 커지고 있다. 현대사회는 '노하우know how'가 아닌 누구를 아느냐, 즉 '노후know who'의 시대라고 한다. 한 발 건너면 다 아는 사람이고, 인적 네트워크가 핵심 자산이 되는 시대인 건 틀림없다. 날로 비중이 커지고 있는 온라인 커뮤니티와 사회적 관계망을 통한 가상의 관계를 고려하면 더욱 그렇다.

나처럼 직장을 그만둔 사람에겐 인적 자산이 더욱 절실하다. 이젠 내가 자산이고, 나를 팔아야 하기 때문이다. 나를 팔려면 사주는 사람이 있어야 한다. 사람들이 책을 살 때 내용보다는 저자를 보고 구매하는 경향이 강해지고 있다. 강연도 비슷하다. 내용을 들으러 오기보다는 강연자를 만나기 위해 온다. 내가 무엇을 아느냐보다 얼마나 많은 사람이 나를 아느냐가 중요해졌다. 아니, 아는 사람 수도 중요하지 않다. 단순히 아는 수준을 넘어 절대적으로 믿고 지지해주는 사람이 얼마나 있느냐가 중요하다. 양보다 질이다. 인맥은 숫자가 아니다. '팬덤'을 얼마나 확보하고 있느냐다.

인맥 관리에 열심인데 실속은 없는 사람들의 특징이 있다. 명함 관리에 정성을 다한다. 이런 사람을 만나면 나는 묻고 싶다. 책상 정리 잘하고 필기 열심히 한다고 시험을 잘 칠 수 있는지. 진짜 인맥은 명함 지갑 속에 있지 않다.

만나면 '출신'부터 묻는 사람도 있다. 고향이 어디이고, 어느 학교를 나왔는지, 심지어 본本이 어디냐고까지 묻는다. 어떻게든 지연·학연·혈연으로 엮어보려는 것이다. 그런데 영업하는 사람을 생각해보라. 학연·지연·혈연부터 찾는 사람치고 실적이 좋은 경우가 있는가.

송년이나 신년, 명절이면 단체 문자 메시지를 마구 보내는 분들이 있다. 이런 의례적 인사치레는 인맥 관리에 도움이 안 된다. 안 하는 것보다 낫다고? 그렇지 않다. 안 하는 게 낫다. 이런 사람일수록 사귐에 내실을 기하지 않고, 한 사람이라도 더 알려고 애를 쓴다. 그러니 폭탄 문자를 보내도 진정성이 느껴지지 않는다. 나는 이런 사람에게 외부 인맥보다는 내부 인맥을 공고히 하는 데 더 노력을 기울이라고 말하고 싶다.

행사마다 쫓아다니고 각종 모임에 얼굴 내미는 것도 큰 의미가 없다. 흔하게 볼 수 있는 건 귀하게 여기지 않는 게 사람 속성이다. 마당발이란 소리를 들으며 고루 넓게 사귀기보다는, 좁고 깊게 사귀는 게 맞다. 내가 누구를 아느냐는 중요하지 않다. 누가 나를 아느냐가 중요하다.

"느그 서장 남천동 살제? 내가 인마 느그 서장이랑 마! 어저께도 어? 같이 밥 묵고 어? 사우나도 같이 가고 어? 다 했어 인마."

영화 〈범죄와의 전쟁〉의 유명한 대사다. '내가 누구를 알고, 누구와 같이 밥도 먹었고' 하는 사람일수록, 상대방은 그를 모를 가능성이 매우 크다.

새로운 사람을 소개받고, 이 사람 저 사람 눈도장 찍는 걸 좋아하는 사람이 있다. 괜한 일이다. 지속적으로 만나지 않으면 에너지만 낭비하는 꼴이다. 땅만 넓히면 뭐 하나. 넓혀진 땅에 뭔가를 심고 가꿔야 열매를 거둘 수 있다. 만난 사람의 수가 아니라 만남의 빈도가 중요하다. 열 사람을 한 번씩 만나는 것보다는 한 사람을 열 번 만나는 게 더 실익이 있다.

● ○

그러면 도대체 인맥은 어떻게 다뤄야 할까? 나에게는 인맥을 관리하는 여섯 가지 원칙이 있다. 첫째는 약속을 잘 지키는 것이다. 시간을 어기지 않는 것은 기본이고, 입 밖으로 꺼낸 말은 어떻게든 지키려고 노력한다. 둘째는 인사를 잘하는 것이다. 평소 이 사람 저 사람 만나면 목례로라도 인사를 건넨다. 가까운 사람에게는 주기적으로 안부 인사를 전하는 것도 중요하다. 셋째, 관심을 보여준다. 예를 들어 회의 중에는 그 사람의 이름을 불러주고, 그 사람의 발언을 인용한다. 뜬

금없이 연락해보는 것도 좋다.

이 세 가지 원칙은 인맥의 씨를 뿌리는 일이다. 인맥 관리는 장사가 아니라 농사다. 주고받는 거래로 접근하면 실패한다. 먼저 씨를 뿌리고 나중에 거둬야 한다. 뿌린 만큼 거둔다는 확신을 갖고 열심히 씨를 뿌리면 반드시 싹이 트고 열매를 맺는다. 그에 반해 활용하려고 모은 인맥은 정작 써야 할 때 쓰지 못한다. 언젠가 써먹어야지 하는 생각 없이 충실하게 모아둔 인맥이 결국 요긴하게 쓰인다.

넷째, 사람을 장점 중심으로 본다. 자신을 인정해주는 이를 싫어할 사람은 없다. 장점이 없는 사람도 없다. 칭찬하고 평가해주면 자기 사람으로 만들 수 있다.

다섯째, 적을 만들지 않는다. 어느 한 사람은 그 사람만이 아니다. 그가 알고 있는 사람 모두다. 그와 관계가 틀어지면 그 뒤에 있는 사람과도 관계가 어긋날 수 있다. 그래서 한 사람 한 사람이 소중하다.

끝으로, 누군가에게 줄 게 있어야 한다. 타고난 친화력만으로 인맥을 관리할 수 있는 건 아니다. 인적 네트워크는 상호 이익을 전제로 한다. 왜 상대가 나와 가깝게 지내야 하는지, 그 이유를 스스로 갖고 있어야 한다. 그것이 지식이든 정보든, 재미든 위로든, 깨달음이든 웃음이든. 주는 게 있는 사람에게 모이게 돼 있다.

성공한 사람에게 그 이유를 물어보면 “제가 인복人福이 많아서”라고 답하는 경우가 많다. 도와준 사람들 덕분이라는 것이다. 하지만 이도 사람을 끌어들이는 흡인력이 있어야 가능한 일이다. 인복은 거저 오지 않는다. 자신이 불러들인 복이다. 사람들은 인복이 있는 사람에게 붙을 만해서 붙는 것이다. 그런 점에서 인맥 관리는 나 자신을 관리하는 것이라고 할 수 있다. 나는 노무현 전 대통령이 인맥은 없었지만 인복이 있는 분이었다고 생각한다.

그는 외로웠다. 사법고시에 합격하고 판사가 됐을 때, 그리고 이후 정치하는 내내 늘 아웃사이더였다. 인맥의 최대 피해자였다. 외롭게 고군분투하는 그를 보고 사람들은 가만히 있지 않았다. ‘노사모’라는 인적 네트워크를 만들어 지지하고 응원했다. 그리고 마침내 그는 대통령이 됐다. 결국 인적 네트워크의 최대 수혜자가 된 것이다.

인맥이 없다고? 인복이 있는 사람이 되자. 그러기 위해 나부터 사람을 끌어들이는 매력적인 사람이 되자.

내게 필요한 사람을 알아보는 눈

"어찌 그리 사람 보는 눈이 없어?"라는 소리를 자주 듣는다. 아내를 소개팅에서 처음 만난 1986년에도 그랬다. 쌀쌀맞은 표정과 깍쟁이 같은 서울 말씨. 만난 지 얼마 되지도 않았는데 '이 사람은 아니다' 싶었다. 아내도 나를 보고 비슷한 생각을 했다. 심지어 장모님은 나를 '날라리'로 판정했다. 나와 처가는 사람 보는 안목으로는 애당초 맺어질 수 없는 관계였던 셈이다. 그런 아내와 36년째 살고 있다. 연애 기간까지 합하면 함께한 시간이 무려 40년이다.

이런 기억을 떠올린 건 한 예능 프로그램 때문이다. 그날의

게스트로 출연한 유명 가수가 남자친구를 공개하자 비난의 댓글이 쏟아졌다. '저 친구는 나이가 몇인데 사람 보는 눈이 저래?', '지금이라도 헤어져야 해', '저 남자는 아닌 것 같다' 등등. 용기를 낸 그를 응원하기는커녕 사람들은 그의 남자친구를 도마 위에 올려놓고, 각자의 기준으로 마음껏 재단하고 평가했다.

● ○

우리는 정말 사람을 잘 보고 있는 걸까? 2006년 미국 프린스턴대학교의 심리학자 알렉스 토도로프Alex Todorov는 실험을 통해 사람이 낯선 얼굴을 보고 신뢰성, 능력 등을 판단하는 데 걸리는 시간은 단 0.1초에 불과하다는 사실을 밝혀냈다. 그런 점에서 첫눈에 반한다는 말은 거짓이 아니다. 우리는 '첫인상'을 빠르게 형성하며, 그 인상이 이후 판단에 강한 영향을 미친다. 하지만 이런 직감은 정확한 정보나 맥락 없이 이뤄지기에 잘못 판단할 가능성도 크다. 맞선을 보거나 면접할 때 모두 마찬가지다.

나 역시 면접할 땐 면접을 받는 사람이 말을 꺼내기 전에 그의 표정과 눈빛, 면접장에 들어올 때 태도와 앉는 자세를 보고 얼추 마음의 결정을 한다. 그의 말을 듣는 건 내 판단이 틀리지 않았다는 걸 입증하는 시간이다. 내 머릿속은 '내가 그럴 줄 알았어', '그러면 그렇지', '어디 감히 나를 속이려고 해?'를 연발한다.

누군가를 만났을 때 상대에 대한 내 생각은 몇 가지 단계를 거쳐 변한다. 처음에는 상대를 경계한다. 이 단계에서 썩 마음에 드는 사람은 많지 않다. 그다음엔 상대를 이해한다. 알고 난 후에도 나쁜 사람은 없다. 처음에 안 좋게 봤던 것들도 그럴 만한 이유와 배경이 있다. 끝으로, 깊게 사귀어서 진짜 좋은 사람도 드물다. 오래 사귈수록 상대의 결점이 눈에 띄기 때문이다. 이 단계에 이르렀는데도 좋은 사람이 한 손으로 다 꼽을 수 없을 만큼 많은 사람은 복 받은 사람이다. 그 자신이 좋은 사람이거나.

사람 보는 눈이 개인에 한정될 때는 그나마 다행이다. 안목 없는 자신을 자책하면 될 일이다. 하지만 그 안목이 공적인 일에 적용되는 건 다른 문제다. 사람 보는 눈에 인사人事가 좌우되기 때문이다. 그야말로 인사가 만사다. 모든 일은 사람을 얼마나 잘 쓰느냐에 달려 있다. 같은 일도 누가 하느냐에 따라, 같은 사람도 어떤 일을 맡기느냐에 따라 결과가 달라진다.

노무현 전 대통령은 인사를 할 때, 그 사람이 이전에 썼던 글과 했던 말을 정리해서 가져오라고 했다. 그 사람의 현재도 중요하지만, 과거의 말과 글이 곧 그 사람이라고 했다. 노 대통령에게 발탁되기 위해서는 현재의 자신을 아무리 잘 꾸며도 소용없다. 그동안 잘 살아왔어야 한다. 이런 역사는 되돌릴 수도 없다.

우리는 누군가를 평가할 때 외모, 이력, 직업, 평판 등 겉으로 드러난 정보에 기대기 쉽다. 소셜 네트워크 서비스SNS나 미디어를 통해 편집된 모습만 보고 상대를 안다고 착각한다. 짧은 만남 몇 번에 성급하게 판단을 내리기도 한다.

하지만 진짜 사람 보는 눈은 그보다 훨씬 깊은 감각이다. 그리고 그 감각이 우리가 맺는 모든 관계의 질을 결정한다. 좋은 사람과 함께하면 나도 좋아지고, 나쁜 사람과 함께하면 나도 나빠진다. 그런 점에서 사람 보는 눈은 곧 살아가는 기술이며 살아남는 지혜다.

● ○

환갑을 훌쩍 넘고 보니, 누군가를 만나면 이전에 만났던 사람들을 되짚게 된다. 기억 속에서 이 사람과 유사한 사람을 불러오고, 그 사람과의 결말이 어땠는지 떠올려본다. 하지만 이런 통계적 접근 방식은 적중 확률이 그다지 높지 않다. 고정관념과 편견이 작동하기 때문이다. 그래서 이제는 누군가를 만나면 일단 판단을 유보한다. 백지상태에서 그 사람을 유심히 관찰한다. 이런 관찰을 통해 그 사람의 내면과 상처, 성장 가능성까지 보려고 한다.

그렇다면 사람을 볼 때 무엇을 관찰해야 할까? 주의 깊게 살펴야 할 신호는 두 가지다. 하나는 말과 행동이 일치하는지이고, 다른 하나는 불리한 상황에서 어떤 태도를 보이는지다. 작은 약속을 대수롭지 않게 여기는 사람은 큰 약속도 가볍게 여긴다. 약속을 어겨 불리한 상황이 됐을 때 진심 어린 사과를 하는지, 아니면 아무렇지 않게 넘기는지도 중요하다. 말의 앞뒤가 다르거나 상황에 따라 주장이 바뀌는 사람은 결국 신뢰를 잃는다.

또 하나 주의 깊게 봐야 할 점은 타인의 성공을 대하는 태도다. 친구가 승진했을 때 진심으로 축하하는가, 아니면 "운이 좋았지"라며 깎아내리는가. 그 반응이 그 사람의 그릇을 보여준다.

이해관계가 걸렸을 때나 돈 앞에서도 본성이 드러난다. 더치페이를 할 때 적게 내려는 사람, 도움을 요청할 때 모른 척하는 사람, 이익이 없으면 무심해지는 사람은 관계에서도 자신만을 챙긴다.

밥상 앞에서도 마찬가지다. 함께 밥을 먹는 자리는 가장 일상적이면서도 본질적인 공간이다. 불편하거나 눈치가 보이는 사람과는 인생을 함께하기 어렵다. 밥 앞에서는 진심이 드러나기 때문이다. 결국 함께 편히 밥 먹을 수 있는 사람이 인생을 나눌 수 있는 사람이다.

사람을 잘 본다는 건 상대를 꿰뚫는 능력이 아니다. 오히려 나를 잘 아는 능력, 나를 제대로 이해하는 감각에서 시작된다. 나는 어떤 상황에서 무너지는지, 어떤 말에 흔들리는지, 내 기준은 어디에 있는지를 아는 사람은 자기에게 맞는 사람을 고를 수 있다. 따라서 사람 보는 눈은 나에게 '필요한 사람'을 알아보는 눈이다.

완벽한 사람은 없다. 하지만 더불어 지내면서 함께 성장할 수 있는 사람은 있다. 사람은 변한다. 지금은 부족해 보여도 변화할 수 있고, 지금 완벽해 보이는 사람도 변할 수 있다. 한 방향을 보고 함께 걸을 수 있는 사람이면 족하다.

좋은 관계는 서로의 불완전함을 인정하고, 함께 성장하려는 의지 위에 놓인다. 아내와 나는 큰 문제 없이 잘 지내고 있다. 아내와 나 모두 직장에 다니던 시절보다 지금 더 죽이 잘 맞는다. 오래 살아볼 일이다. 남자친구를 공개한 그 가수의 선택이 옳았는지도 시간이 말해줄 것이다. 우리가 할 일은 그 과정을 지켜보며 우리의 눈을 조금씩 더 맑게 다듬는 일이다.

사람을 잘 본다는 건
상대를 꿰뚫는 능력이 아니다.
오히려 나를 잘 아는 능력,
나를 제대로 이해하는 감각에서 시작된다.
사람 보는 눈은
나에게 '필요한 사람'을 알아보는 눈이다.

4장

여유

오래가는 관계의 조건

지나온 다리를 불사르지 말라

25년간 직장생활을 했다. 그사이 아홉 번 직장을 그만뒀고, 그때마다 사람들과 헤어졌다. 모든 만남은 헤어짐을 낳는다. 내 기억 속 헤어짐은 어머니와의 이별에서 시작됐다. 어머니께서 돌아가신 게 내가 아홉 살 때였는데, 지금껏 그 이별에서 헤어나지 못하고 있다. 만남은 짧았고 헤어짐은 길었다. 학창 시절과 직장생활 동안 만났던 무수한 사람과도 그렇다. 노무현 대통령을 모실 때는 그 시간이 힘들어 임기 끝나는 날만을 고대했다. 마침내 그날이 왔지만, 얼마 지나지 않아 영영 헤어지고 말았다. 길면서 짧았던 그와의 5년은 나에게 가장 소중한 추억이 됐다.

노무현 대통령은 수줍음이 많은 분이었다. 누구를 만나건 선뜻 친한 체를 잘 못 했다. 대통령 임기 3년 차까지 나를 부르는 호칭이 '연설비서관'이었다. 4년 차가 될 즈음, '강 비서관'이라고 호명했고, 비로소 5년 차에 '강원국 씨'라고 내 이름 전체를 불러줬다. 그분이 돌아가시기 달포 전, 봉하마을을 찾았다. 대통령께서 만난 후 처음으로 '원국 씨'라고 부르셨다. 그분에게 '원국 씨'는 다정함의 최상급 표현이었다. 헤어짐의 선물을 내게 주신 걸까? 그날 나는 처음이자 마지막으로 그분의 사람이 됐다.

● ○

많은 사람이 영원히 헤어지지 않을 것같이 만나고, 다시 안 볼 것처럼 헤어진다. 틀렸다. 금세 헤어질 것처럼 만나고, 영원할 것같이 헤어지는 게 맞다. 모든 만남에서 유종의 미를 거둬야 한다. 다른 직장으로 옮겨야 했을 때, 평소 관계가 좋지 않던 후배 직원이 선물을 내밀었다. 그 친구에게 나는 잔소리만 하던 꼰대 같은 존재였으니 앓던 이가 빠진 것처럼 후련해할 법도 하건만, 그는 작은 선물로 아쉬움을 표했다.

이젠 자주 볼 일도, 내게 잘 보일 필요도 없을 텐데 선물을 전하는 그 마음이 고마웠다. 그동안 서먹했던 마음이 눈 녹듯 사라졌고, 이를 계기로 두고두고 연락하는 사이가 됐다. 헤어지는 순간이야말로 작은 행동, 말 한마디로 관계를 호전시킬 절호의 기회다. 일찍이 대문호 셰익스피어도 그러지 않았는가. "끝이 좋으면 다 좋다"고.

헤어짐을 두려워할 필요도 없다. 도저히 아니다 싶으면 헤어지는 게 맞다. 더 나빠지기 전에 미련 두지 말고 떠나야 한다. 사사건건 부딪히는 상사를 만난 적이 있다. 처음에는 고진감래란 말을 믿고 버텨봤다. 그런데 지나가는 터널이 아니라 갈수록 깊이 빠지는 수렁이었다. 도무지 참고 견뎌서 될 일이 아니었다. 그렇다고 직장을 그만둘 엄두도 내지 못했다. 당시 나는 한겨울 바닷가를 서성이는 사람이었다. 싫어하는 사람에게 몸을 던져 그의 품에 안기지도, 그렇다고 그 해변을 떠나지도 못하는 신세였다. 그럼에도 떠나기로 마음먹었다. 지금 생각해도 잘한 결정이었다. 때로는 인내가 미덕은 아니다. 우유부단함일 뿐이다. 헤어질 용기가 필요하다.

"슬퍼하지 말아요. 다 끝난 거 알아요. 그러나 인생은 흘러가고 이 오래된 세상도 계속 돌아가고 있어요. 그냥 기뻐하기로 해요. 우리가 함께한 시간이 있으니. 불타는 다리를 바라볼 필요는 없어요."

미국의 싱어송라이터이자 배우인 크리스 크리스토퍼슨Kris Kristofferson이 부른 〈포 더 굿 타임스For The Good Times〉의 가사인데, 헤어지는 연인이 나누는 대화다. '불타는 다리'는 깨진 관계나 지난 추억을 말하는 듯하다.

살아오면서 지키려는 원칙 가운데 하나가 '건너온 다리를 불사르지 말자'는 것이다. 거자필반去者必返이라고 했다. 만났던 사람은 다시 만난다. 헤어진 사람은 반드시 돌아온다. 악연일수록 질기게 돌아온다. 세상사가 그렇다. 오죽하면 원수는 외나무다리에서 만난다고 했겠는가. 어떤 이유로 헤어졌건 헤어지고 나서 욕하면 안 된다. 상대방의 잘못으로 헤어졌다면 더욱 그렇다.

회사나 공직에서 새로운 상사가 왔을 때 전임 상사를 깎아내리며 지금의 상사를 치켜세우기도 하고, 과거 잘못을 전 상사 탓으로 돌리며 헐뜯기도 한다. 그런 직원을 새로 부임한 상사는 어떻게 볼까? '내가 나가고 나면 내게도 저런 소리를 하겠구나. 믿을 수 없는 사람이군.' 십중팔구 이렇게 생각한다. 직장을 옮겼을 때도 마찬가지다. 이전 직장을 깎아내리는 우를 범하지 말아야 한다. 누워서 침 뱉기다. 마치 새로운 애인을 만나면서 이전에 만났던 연인을 욕하는 것과 같다. 그런 사람을 보면 정나미 떨어지지 않던가.

'건넌 다리를 불사르지 않는다'의 연장선상에 있는 게 '꺼진 불도 다시 보자'다. 지금까지 살면서 회생하고 부활하는 사람들을 많이 봤다. 정권이 바뀌면서 혹은 새로운 사람이 기관장이나 최고경영자로 오면서 운이 다한 줄 알았던 사람이 화려하게 부활하기도 하고, 인생 전반전에는 맥을 못 추던 이가 후반전이나 연장전 들어 승승장구하기도 한다. 참으로 인생은 알 수 없다. 누구나 인생에 불씨 하나씩은 갖고 있다. 겉으로 보기엔 다 타버려 재가 된 것 같지만 어떤 계기에 불씨가 되살아나 활활 타오를지 모른다.

이전부터 잘 알고 지내는 사람 가운데 어려운 처지에 있는 사람이 있는가? 그래서 홀대하고 있는가? 자나 깨나 불조심해야 한다. 어느 불씨에 불이 붙을지 모른다. 주변을 살펴야 한다. 한직으로 밀려나 있는 사람이나 찬밥 대우 받는 사람에게 관심을 전하자. 전화 한 통화, 문자 메시지 한 줄 같은 작은 관심이 나중에 어떤 기회를 가져다줄지 모른다.

인간관계는 물처럼 흘려보내지 말고 저장해야 한다. 돈을 저축하듯, 돈보다 더 귀한 사람과의 관계를 쌓아야 한다. 관계는 크게 세 종류로 나뉜다. 가족이나 직장 동료와 같이 매일 만나는 관계, 누군가에게 소개받거나 모임에 나가서 새롭게 만나는 관계, 그리고 간혹 연락해서 밥 먹고 커피 마시는 관계가 있다. 모든 관계가 소중하지만, 특히 세 번째 관계가 중요하다. 일 때문에 만나기도, 친분을 유지하기 위해 만나기도 하는 이 관계에 헤어진 사람도 포함해서 관리해야 한다.

한동안 만나지 못한 사람은 잠시 헤어진 사람이다. 가끔은 휴대전화 속 연락처를 들여다보고, 그런 사람에게 전화해 약속을 잡아보자. 만남이 다소 부담스럽다면 직접 만나지 않아도 된다. 그저 전화나 문자 메시지로 잊지 않고 있음을 알려만 줘도 괜찮다. 겪어본 사람은 안다. 아무런 용건 없이, 그저 생각나서 연락했다는 전화를 받았을 때 한동안 소원했던 관계가 단번에 시공을 뛰어넘어 다시 회복되는 그 기분 좋음을 말이다.

잘 만나는 것만큼 잘 헤어져야 한다. 현재 같이 있는 사람과의 관계만큼, 헤어진 사람과의 관계도 중요하다. 나와 헤어진 사람의 말 한마디에 내 이미지가 좋아지기도 하고 나빠지기도 한다. 험난한 인생길에 동무가 되기도 하고 적이 되기도 한다. 모든 인연을 자신의 성장 동력으로 삼아보자. 서로가 서로에게 머물고 연결하는 정거장 같은 존재가 돼준다면 우리 인생이 얼마나 풍요롭고 행복하겠는가.

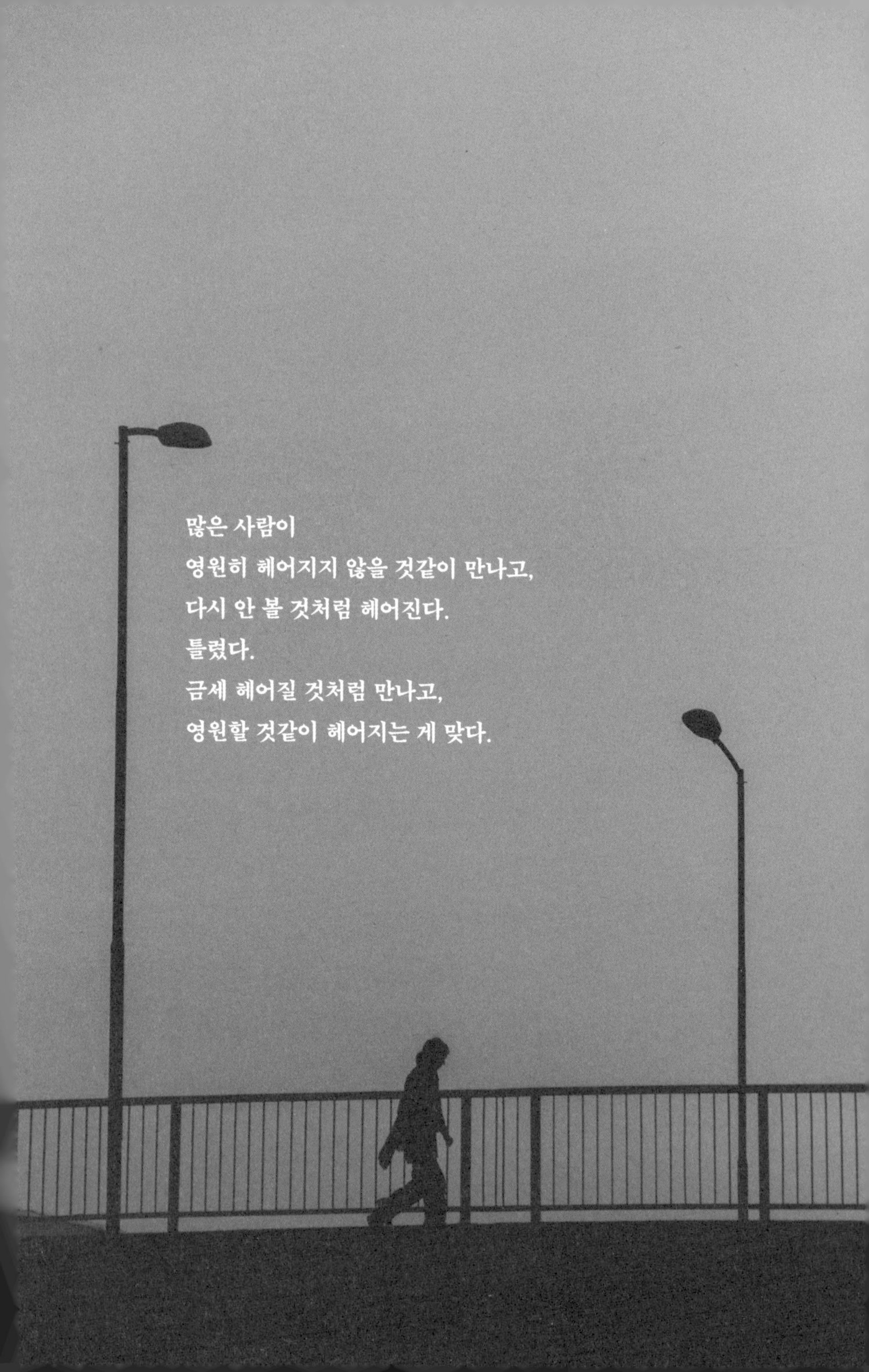
많은 사람이
영원히 헤어지지 않을 것같이 만나고,
다시 안 볼 것처럼 헤어진다.
틀렸다.
금세 헤어질 것처럼 만나고,
영원할 것같이 헤어지는 게 맞다.

대화에 임하는 자세에 관하여

몇 해 전 아내가 퇴직했다. 종일 껌딱지처럼 붙어 살다 보니 늘 살갑기 어렵다. 대화다운 대화는 하루 한 번 이뤄진다. 아침 산책길에서다. 매일 2시간 가까이 이어지는 걸음걸음마다 대화가 끊이지 않는다.

내가 아내에게 한 말이 글이 되고 책이 되고 강연이 되면서, 더 결정적으로는 돈이 되면서 아내는 내 말에 호응하기 시작했다. 내 말에 관심 있다는 듯 묻고 추임새도 넣어준다. 그러면 나는 신이 나서 내가 읽었던 책에 대해, 들었던 강의에 관해, 만났던 사람에 대해 얘기한다. 언제부턴가는 아내에게 얘기하기 위해 책을 읽고 강의를 듣고 메모한다.

나는 이 시간이 좋다. 나를 있는 그대로 바라보게 되고, 스스로가 대견해 보인다. 아내를 향한 마음도 너그러워진다. 내 말을 들어주는 아내가 고맙다. 서로를 환대하는 안온한 시간이다.

대화는 관계를 맺는 대표적인 방식이다. 우리는 누군가에게 무언가를 바란다. 그 관계가 부모와 자녀든, 상사와 부하든, 부부간이든 마찬가지다. 어울려 살기 위해 우리는 상대가 바라는 것은 무엇이며, 내게 어떤 기대와 요구를 하는지 알아야 한다. 이때 필요한 게 대화다.

대화가 부족할 때 나타나는 부작용은 한둘이 아니다. 상대를 다 안다고 생각하지만 잘못 알고 있는 경우가 많다. 상대가 원하지 않는 배려를 건네놓고 알아주지 않는다고 짜증을 낸다. 자신은 속내를 털어놓지 않으면서 상대가 뭔가를 숨기고 있다고 의심하기도 한다. 실제로 2011년 미국 인디애나대학교 심리학과 교수 팀은 '영화, 음식 등 서로의 취향을 예측하는 데 결혼 기간이 평균 40년인 노부부들이 결혼한 지 얼마 되지 않은 부부들보다 정확도가 낮다'는 연구 결과를 발표했다.

이따금 대화하더라도 상대에 대한 칭찬과 감사보다는 지적과 탓을 하기 일쑤고, 공통점보다는 차이점을 많이 말하게 된다. 감정을 말하지 않고 감정적으로 말하고, 친근하기보다는 권위적으로 말한다. 대화 주제도 가볍고 긍정적인 얘기가 아니라 심각하고 부정적인 내용이 많다. 이런 대화는 십중팔구 싸움으로 번진다. '차라리 말을 말아야지' 하면서 대화한 걸 후회하고, 대화를 더 멀리하는 악순환에 빠진다. 가장 큰 문제는 어쩌다 한 번 대화할 기회가 생겨도 마땅히 얘기할 거리가 없다는 점이다.

● ○

우리가 대화할 때 어려움을 느끼는 이유는 무엇일까? 나는 시작하는 말이 잘 떠오르지 않을 때 어렵다. 라디오 인터뷰 프로그램을 진행하는 내내 느낀 것이 첫마디의 어려움이었다. 좋은 첫마디는 꼬리에 꼬리를 물고 다음 말을 이끌어 대화 자리를 풍성하게 한다. 전체 대화의 기본 방향을 결정하기도 한다. 첫마디에서 대화의 성패가 판가름 난다고 해도 과언이 아니다. 첫 문장이 글의 기조를 좌우하듯 말이다.

일반적으로는 상대방의 근황을 소재로 하면 좋다. 인터넷에서 인물 검색을 하거나 상대방의 SNS를 살펴보며 축하하거나 위로할 거리를 찾는다. 상대가 최근에 책을 썼다면 목차

정도는 읽어보고 만나야 한다. 필요하면 그와 가까운 사람에게 전화해 근황을 묻는 성의도 보여야 한다. 상대의 개인적인 일일수록, 잘 알려지지 않은 것일수록 대화의 물꼬를 터 보다 깊은 친밀감을 형성할 수 있다.

정보를 제공하는 것으로 대화를 시작할 수도 있다. 누구나 정보를 많이 가지고 싶어 하는 욕구가 있다. 정보를 주는 사람이 환영받는다. 말은 즉흥적인 것이니 준비할 필요가 없다고 생각하는 사람들이 있지만, 말이야말로 준비해야 한다. 그러지 않으면 헤어지고 나서 '아, 이 얘기는 했어야 하는데……' 하며 후회할 수 있다. 상대 역시 '괜히 만났어. 시간만 뺏겼네' 라며 불만을 느낄 수 있다.

대화 자리에는 한두 가지 얘깃거리를 만들어 가자. 나를 만나면 뭔가 얻는 게 있다는 느낌을 갖게 해야 한다. 나는 누군가를 만나러 가는 길에 주요 뉴스나 이슈를 휴대전화로 검색해본다. 온라인 서점에 들어가 요즘 화제인 책의 목차를 보기도 하고, 칼럼이나 블로그 글을 읽으며 이야깃거리를 찾기도 한다.

감정도 좋은 대화 소재다. 서로가 감정을 가감 없이 드러내고, 그 감정을 이해하고 공감하는 대화가 필요하다. 감정 대화는 상대에게만 하는 게 아니라 크게 여섯 가지 방향에서 이뤄진다. 내가 나에게, 내가 너에게, 네가 너에게, 네가 나에게, 내가 그에게, 네가 그에게. 어떤 경우든 공감하면서 들어주는 게 중요하다. 상대와의 감정 대화는 오해와 쌓인 감정을 푸는 기회로 삼을 수 있다.

●○

이도 저도 아니면 잘 듣는 것으로 대신한다. 경청이야말로 최고의 대화 기술이다. 경청하기 위해서는 말해야 한다는 부담감부터 내려놓아야 한다. 아는 내용, 말하고 싶은 주제가 나올수록 한 호흡 늦추고 대화의 흐름을 지켜보다가 끼어든다. 내 말은 부족하다 싶을 만큼만 하고, 상대 말에 내 말을 보태거나, 상대 말을 "이런 뜻이죠?" 하며 수용하고 질문하는 방식으로 상대를 중심에 놓고 대화한다. 반박하더라도 먼저 동의해준 다음에 한다.

경쟁이 아니라 협력으로 대화하자. '그러나', '하지만'보다는 '그리고', '아울러'라는 말로 내 생각을 보탠다. "그건 아니야"나 "이래서 안 돼"와 같이 남의 말을 깎아내리는 뺄셈 대화보다는 그 말을 보완하고 보충해주는 덧셈 대화를 하자. 편을 가르는 나눗셈 대화가 아니라 연결하고 결합하고 융합하는 곱셈 대화를 해야 한다.

내가 얼마나 많이 말했는가는 중요하지 않다. 주도권을 쥐려고 할 필요도 없다. 어차피 말을 많이 한다고 해서 설득되는 것도 아니다. 내가 주도권을 잡고 말하면 상대는 반감만 커질 뿐이다. 내가 원하는 것을 얻기 위해서는 먼저 주어야 한다. 상대를 이기기 위해서도 먼저 져줘야 한다. 때로는 알면서도 속아줘야 한다. 그 대신 진지한 자세로 상대의 마음속으로 들어가 욕구와 요구를 파악하며 듣는다. 그것이 진정한 주도권을 쥐고 영향력을 행사하는 길이다.

여럿이 대화하는 자리에서는 소외되는 사람을 배려해야 한다. 이 사람 저 사람 이름도 자주 불러주고 한 사람 한 사람 신경 쓰면서 고루 말할 수 있게 하자. 또 누군가가 말했는데 아무도 반응해주지 않아 민망한 상황이 되지 않도록 즉시 호응해주자. 그러면 그 사람은 두고두고 고맙게 기억할 것이다.

김대중 전 대통령은 '대화의 요체는 말하는 수사학이 아닌 잘 듣는 심리학에 있다'라고 강조하며, 누군가와 대화할 일이 있으면 다음과 같은 원칙들을 반드시 지켰다. 첫째, 상대를 진심으로 대한다. 둘째, 어떤 경우에도 '아니다'라고 말하지 않는다. 셋째, 상대와 의견이 같을 때는 '나도 같은 의견이다'라고 분명히 밝힌다. 넷째, 되도록 상대의 말을 많이 들는다. 나 역시 이 네 가지 원칙을 실천하며 많은 깨달음을 얻었다. 기본을 지킬수록 갈등은 줄고 신뢰는 쌓이는 법이다.

경쟁이 아니라 협력으로 대화하자.
남의 말을 깎아내리는 뺄셈 대화보다는
그 말을 보완하고 보충해주는
덧셈 대화를 하자.

여유가 만드는 인간의 품격

나이 예순을 넘으면서 되고 싶은 게 생겼다. 학창 시절 '장래 희망' 난에 써넣은 게 있지만 그건 그저 보여주기용 꿈이었을 뿐 이제 비로소 현재 희망이 생겼다. 바로, 품격 있는 사람이 되는 것이다.

내가 어감에서 느끼는 품위와 품격은 다르다. 품위는 교양 수준이나 문화적 발전 단계와 관련이 있고, 품격은 그야말로 한 사람의 인품을 가리키는 것 아닐까. 품위의 '위位' 자가 의미하는 바가 무엇인가. 일정한 기준으로 매겨진 등급이나 등수를 의미하지 않는가. 그렇다면 내게 품위는 오르지 못할 나무와 같다. 몸에 맞지 않는 옷일 수도 있고. 하지만 품격의 '격格' 자는 다르다. 주위 환경이나 형편에 자연스레 어울리는 분수를 뜻한다. 한마디로 격은 옳고 그름도, 높고 낮음도 아니다. 자기에게 맞으면 된다.

내가 만나본 사람 중에 품격 있는 사람을 꼽으라면 단연 라디오를 진행하면서 만난 시니어 모델 윤영주 씨다. 그는 종갓집 며느리로 1년에 열댓 번의 제사를 치르며 살다, 예순 넘어 박사 학위에 도전했고, 나이 일흔에 시니어 모델 선발대회에서 우승을 거머쥐었다. "시도하지 않으면 아무 일도 일어나지 않는다"며 "지금이 가장 이른 때니 말만 하지 말고 좋아하는 일을 저지르라"고 말하는 그에게서 당당한 기품이 느껴졌다. 칠순을 훌쩍 넘어 이마에 주름이 지고 머리는 하얗게 셌지만, 온화한 미소와 고고한 자태는 우아함 그 자체였다. 어찌해야 이처럼 품격이 느껴질까? 품격은 여유가 아닐까? 경제적·정신적·시간적 여유에서 나오는 게 품격 아닐까 싶다. 그렇다면 여유 있는 삶의 조건은 무엇일까?

● ○

먼저, 겸손해야 한다. 스스로를 낮춰야 여유가 생긴다. 원래의 나는 80인데, 남들에게 60으로 보이면 20만큼 여유가 생긴다. 80인 내가 60인 것처럼 보이는 게 겸손이다. 모든 문제는 60인 사람이 80으로 보이려 하는 데서 비롯한다. 사람들은 그가 60이라는 걸 알기 때문이다. 한두 사람에게 한두 번 80으로 보일 순 있으나 항상 그러기란 불가능하다.

60인 사람이 80으로 보이려 하면 어떤 결과를 맞이할까? 60밖에 안 된다는 걸 들킬까 봐 늘 불안하고 초조하다. 모든 사안에 민감하게 반응하고, 자신에 대한 평가에 예민하다. 무엇보다 80으로 보이기 위해 아등바등한다. 현재의 자신을 긍정하지 않으므로 남과의 경쟁에서라도 반드시 이겨야 한다. 여유가 있을 수 없다.

겸손한 사람은 무던하고 덤덤하다. 80인 사람이 60만큼만 보여준다는 건 20을 비우고 내려놓았다는 뜻이다. 60에 자족하고 감사하는 것이기도 하다. 이런 사람은 60만 보여주는 데서 절제의 희열을 맛본다. '내가 60으로 보이지? 실은 80이야.' 가슴에 품은 20만큼 뿌듯하고 당당하다. 어지간한 실패에 기죽거나 동요하지 않는다. 남의 평가에 위축되거나 흔들리지도 않는다. 늘 의연하다. 이런 사람을 만나면 편안하다.

그뿐 아니라 겸손한 사람은 배우려는 자세를 견지한다. 누구를 만나건 그 사람에게서 배울 점을 찾는다. 또한 스스로 부족한 사람이라고 여기기에 매사에 심사숙고한다. 사려 깊고 진중하게 처신하니 깊은 매력이 우러난다.

두 번째 조건은 경청하는 자세다. 여유 있는 사람은 말이 급하거나 빠르지 않다. 자분자분 말한다. 말을 해야 한다고 조바심 내지도 않는다. 말하지 않아도 상대가 나를 알아주리라고 믿는다. 대화하다가 자기가 아는 게 나오면 어떻게든 아는 체하려 하거나, 나와 생각이 다른 사람을 내 편으로 만들려고 안간힘 쓰지 않는다.

그 대신 잘 듣는다. 잘 듣는다는 건 귀가 열려 있다는 뜻이다. 잘 듣는 사람은 열린 사고를 한다. 생각이 유연하고 개방적이다. 이 세상에는 각기 다른 삶의 방식이 있다는 걸 인정하고 존중한다. 또한 잘 듣는 사람은 상대 입장을 배려하고 세상 사람과 협력하고자 한다. 특히 약자를 배려한다. 센 사람 앞에서 쫄지 않고 약자 앞에서 폼 잡지 않는다. 주변 사람 모두를 동등한 인격으로 대우하며, 그들과 더불어 공존할 길과 상생할 방법을 찾는다. 잘 듣는 사람은 또한 자신의 모자라는 부분에 대한 지적을 기꺼이 받아들인다. 잘못을 변명하거나 약점을 감추려 하지 않는다.

● ○

다음은 친절이다. 강자의 불손은 오만이다. 약자의 공손도 비굴일 수 있다. 여유에서 비롯한 친절이야말로 강자가 지녀야 할 태도다. 브라이언 헤어Brian Hare와 버네사 우즈Vanessa Woods는 공저 『다정한 것이 살아남는다』에서 "네안데르탈인보다 신체적·지적 능력이 열등한 호모사피엔스가 지구의 지배종이 될 수 있었던 비결은 친화력에 있다"라고 말한다. 여유 있는 사람은 다정하다. 또 다정하려면 여유가 있어야 한다. 친절은 여유에서 나온다. 친절한 사람은 공손하고 예의바르다. 말과 행동을 함부로 하지 않고 가려서 한다. 상대의 마음을 상하게 하는 말을 하지 않는다.

친절한 사람은 감정이 죽 끓듯 하지도 않는다. 감정의 기복은 누구나 겪지만, 여유 있는 사람은 감정이 끓어오르는 임계점이 높아 대체로 평온함을 유지한다. 속으론 요동칠지언정 평정심을 잃지 않는다. 겉으로 감정을 드러내더라도 서서히 반응한다. 관대하고 느긋하다. 그렇다고 자기다움을 포기하는 건 아니다. 분명한 소신이 있고, 무례와 몰상식에는 단호하게 대처한다. 공사를 구분하는 분별력도 있어 남에겐 관대하고 자신에겐 엄격하다.

여유 있는 사람의 마지막 조건은 성장이다. 결핍과 지체 상태에서는 여유를 갖기 어렵다. 여유롭기 위해서는 가진 게 많아야 한다. 그래야 가진 것 중에 일부만 보여주는 겸손을 부릴 수 있다. 남을 받아들이는 경청도 자신의 그릇이 커야 할 수 있다. 친절 역시 남에게 베풀 수 있는 에너지와 역량을 갖춰야 한다. 그러지 못하면 겸손은커녕 자신을 포장하기에 급급해 가식을 일삼으며 경청은 고사하고 방어와 공격, 지배와 복종이란 분란 속에 산다. 당연히 친절은 엄두도 내지 못한다.

겉과 속의 차이가 없고 혼자 있을 때와 함께 있을 때가 다르지 않으려면, 남에게 의지하지 않고 베풀면서 살려면 멈춰 있어선 안 된다. 하루하루 새로워지고 나다워져야 한다.

자기 성장을 위해선 무엇이 필요할까? 선택과 집중을 해야 한다. 일상을 단순화하고 본질에 집중할 필요가 있다. 인간관계에서도 자신과 결이 맞는 사람에게 초점을 맞춰야 한다. 그래야 시간적 여유를 갖고 휴식 시간을 확보하면서 지속적으로 성장할 수 있다.

이쯤 되니 이번 생애에 온전한 품격을 갖추기는 어려울 수도 있겠다 싶다. 그러면 어떤가. 예순 넘어 꿈이 생겼고, 그걸 위해 달려가는 삶도 그리 나쁘지는 않을 테니 말이다.

잘 듣는 사람이 인생을 바꾼다

"어떻게 청와대에 가서 일하게 됐어요? 특별한 재능이 있으신가, 그 비결이 궁금해요."

강의 혹은 방송 인터뷰 중에 자주 듣는 질문이다. 내 대답은 한결같다.

"관계가 좋아서요."

생각해보면 모든 건 관계였다. 처음 이불 보따리 하나 둘

러메고 상경할 때 서울에는 생면부지의 낯선 사람뿐이었다. 버스를 타고 남산 1호 터널을 통과하면서 마음이 알싸했다. 그것은 부푼 기대가 아니었다. '이 바닥에서 생존할 수 있을까?' 하는 막연한 두려움이었다. 그로부터 20년이 채 지나지 않아 나는 대한민국 최고의 권부에 당당히 입성했다. 어떻게 그럴 수 있었을까? 그것은 누군가가 나를 소개하고 추천한 덕분이다.

그들은 왜 나를 천거했을까? 사람을 소개하려면 위험을 감수해야 한다. 자칫하면 욕먹을 수 있다. 그런 위험 부담을 안고 누군가를 추천하려면 적어도 자신이 손해 볼 일은 없을 것이라는 확신이 있어야 한다. 그런 확신은 어디서 올까? 자기가 경험해본 데서 찾을 수밖에 없다. 그 사람들은 나를 경험하면서 도대체 어떤 역량을 확인한 걸까? 아마도 경청하는 태도가 아니었을까. 자기들 말을 잘 들으려고 노력하는 나의 자세를 인정해준 것 아닐까. 사람은 누구나 자기 말을 잘 들어주는 사람에게 호감을 느끼는 법이니까.

● ○

'말을 잘 듣는다'라는 것은 무엇을 의미할까? 그건 바로 상대의 비위를 잘 맞춘다는 의미다. 말을 잘 듣는다는 것은 싫은 걸 잘 참고 아니꼽고 치사한 꼴을 잘 견뎌낸다는 뜻이다. 싫은 내색을 보이거나 불끈불끈하지 않고 시키는 일을 고분고분 잘한다. 그러면 사람들은 "잘했어" 하면서 머리를 쓰다듬어준다. 직장 다닐 적엔 물론 지금도 '싫어요'는 내게 금기어에 가깝다. 직장 다닐 적 싫은 걸 싫다고 하지 못한 버릇이 여전히 남아 있는 모양이다.

'말을 잘 듣는다'라는 건 어떻게든 인정받겠다는 의지의 표현이기도 하다. 상대의 말을 잘 들어야 그가 내게 무엇을 원하고 기대하는지 알 수 있고, 그걸 알아야 적절히 맞출 수 있다. 요구나 기대 따위를 좇아서 응하면 인정을 받는다는 사실은 누구나 알고 있지 않은가. 따라서 그 사람의 필요가 무엇인지, 내가 어떻게 해야 그 사람의 마음에 들 수 있는지 알아내 실행하면 된다. 알아내기 위해서는 말하지 않는 것을 유추해서 들을 수 있어야 한다. 잘 듣지 않고 알아낼 방법은 없다.

나는 직장 상사가 바뀌거나 내가 자리를 옮겨 새로운 상사를 만났을 때 최대한 빨리 상사의 취향이나 성향을 파악해 맞추려 노력했다. 하지만 다른 사람은 나같이 적극적으로 상사를 파악하려 하지 않았다. 그저 상사가 알려주면 하나씩 하나씩 알아가는 방식을 취했다. 그때그때 꾸중을 들으면서 조금씩 알아갔다. 문제는 이제 좀 알 만하면 헤어지게 된다는 것이다. 그렇게 시행착오를 겪었으면 그다음에는 새 상사의 성향을 파악하려고 애써야 할 텐데, 대부분 지난 과정을 반복한다.

● ○

나아가 '말을 잘 듣는다'라는 표현은 말하는 사람을 본받고 싶다는 뜻이기도 하다. 나는 누군가의 말을 들으면서 그 사람에게서 내가 배울 만한 장점을 찾는다. 지금까지 만나본 사람 중에 배울 게 없는 사람은 없었다. 내게는 사람에게 배우기 위해 지키는 몇 가지 원칙이 있다. 누군가를 만나면 그 사람에게 뭐라도 한 가지는 배우겠다는 목표를 세우는 게 그중 첫 번째다.

두 번째 원칙은 사람을 만나기 전에 그 사람에 대한 선입견을 갖지 않으려 애쓰는 것이다. 처음 만나는 사람이면 그 사람을 공부한다. 내가 직접 만나지 않고 들은 그 사람에 대한 평판이나 인상은 막상 만나서 보면 잘못으로 드러나는 경우가 많았다. 선입견을 갖고 닫힌 마음으로 만나면 그 사람의 장점을 발견하기 어렵다. 마음을 활짝 열고 만나야 한다.

그 연장선에서 세 번째 원칙은 차등을 두지 않는 것이다. 사람을 차별 대우하면 진짜 배워야 할 것을 놓칠 확률이 높다. 내 경험에서 보면 대접받고 사는 사람보다는 그렇지 못한 사람에게 배울 점이 더 많기 때문이다. 마지막 원칙은 만난 사람을 험담하지 않는 것이다. 굳이 흠을 말해야 할 이유가 있는가? 그걸 말하지 않았다고 정직하지 못한 것도 아니지 않은가. 나는 무조건 칭찬만 한다. 들은 얘기가 있더라도 그에게 보탬이 되지 않으면 옮기지 않는다. 그게 나를 만나준 사람에 대한 의리요, 최소한의 예의다.

나만 남의 말을 잘 들어준 건 아니다. 내 말을 잘 들어준 사람도 많았다. 그런 사람 덕분에 잘 살아올 수 있었다. 그중 가장 고마운 사람이 아내다. 아내는 늘 내게 말할 기회를 준다. 그래서 나는 마음껏 말할 수 있다. 아내는 또한 듣고 칭찬해준다. 내 말에 자신감이 붙는다. 아내는 또한 묻는다. 답하다 보면 내가 무엇을 알고 무엇을 모르는지 알 수 있다. 나는 아내에게 말하면서 좋은 생각이 떠오른다. 생각도 정리된다. 그렇게 정리된 생각을 글로 쓴다. 아내는 내가 방송에 나가 한 말에 피드백도 해주고 조언도 한다. 나는 아내의 말을 누구 말보다 귀담아듣는다. 가끔은 송곳같이 폐부를 찌르기도 하지만, 그 말에 아파하지 않는다. 그게 진심이라는 걸 알기 때문이다.

잘 듣는 사람에게는 인생의 향배를 바꾼 한마디가 있다. 재심 전문 변호로 유명한 박준영 변호사에게도 그 한마디가 있다. 중학교 2학년 때 어머니가 돌아가시면서 남긴 "공부 열심히 하고 말 잘 들으면 도와주는 사람이 있을 거다"라는 말씀이다. 그리고 군에 가서 배 병장이란 사람을 만났는데, 사법고시를 준비하다 입대한 그의 도움으로 수렁에 빠져 있던 자기 인생을 건져 올릴 수 있었다.

통섭학자 최재천 선생도 펜실베이니아주립대학교에 다닐 때 고마운 미국 친구가 있었다. 친구가 건넨 "해보기 전까진 알 수 없어You never know until you try"라는 말에 용기를 얻은 그는 사회생물학 분야의 세계적인 석학 에드워드 윌슨Edward Wilson 교수에게 편지를 써서 하버드대학교에서 수학할 기회를 얻었다. 그 친구가 "어떻게 감히 세계적인 석학에게 편지 쓸 생각을 했어?"라고 묻자 그는 "네가 그러라고 하지 않았냐"라고 되물었다고 한다. 그저 흘려들을 수 있었던 그 한마디에 반응한 것이다.

유시민 작가도 마찬가지다. 물리학자 리처드 파인먼Richard Feynman의 한마디 "그냥 바보는 괜찮다. 그런데 알지도 못하면서 잘 안다고 믿는 거만한 바보는 어떻게 할 수가 없다"라는 말에 충격을 받아 나이 쉰 살에 과학 공부를 시작했다.

내게도 기억나는 말들이 있다.

"아이들 공부를 끝까지 시켜줘요."

초등학교 2학년 어느 날 새벽녘에 들은, 어머니께서 돌아가시면서 아버지께 남긴 유언이다.

"처칠도 육사에 세 번 떨어졌다."

고등학교 입시에 떨어진 내게 아버지께서 하신 말씀이다. 이 모든 '한마디'들이 모여 오늘의 나를 만들었다.

나는 누군가의 말을 들으면서
그 사람에게서 내가 배울 만한 장점을 찾는다.
지금까지 만나본 사람 중에 배울 게 없는 사람은 없었다.

말과 글이 흐르는 관계의 낙원

소통과 관계는 동전의 양면이다. 좋은 관계는 적절한 소통을 통해 만들어지고, 관계가 좋으면 소통이 원활해진다. 그런 점에서 소통은 관계의 원인인 동시에 결과이기도 하다. 직장생활에서 관계로 어려움을 겪고 있다면 또는 가족 간 관계가 원활하지 못하다면, 소통에 문제는 없는지 짚어봐야 한다.

신입사원 시절, 관계 맺기가 힘들었다. 상사와의 관계는 물론 동료들과 사이 좋게 지내는 것도 쉽지 않았다. 윗사람 앞에 가면 쭈뼛쭈뼛 말이 잘 나오지 않았다. 아니, 상사와 말을 섞을 기회조차 별로 없었다. 그렇게 데면데면 소통하니 친해질 리 만무했고, 그럴수록 더 소통이 어려워지고 관계는 소원해졌다. 관계와 소통의 악순환이었다.

동료와의 관계도 마찬가지였다. 원만한 듯 보였으나, 겉모습만 그럴 뿐 왠지 불편한 관계였다. 나는 입사가 또래에 비해 2년 늦었고, 우리 부서엔 나와 동갑이지만 2년 먼저 들어온 '어색한 선배', 나보다 한 살 적지만 1년 먼저 입사한 '애매한 선배', 여상을 졸업하고 나보다 6개월 먼저 들어왔지만 나이는 예닐곱 살 적은 후배인 듯 선배 같은 동료. 이렇게 나를 포함해 네 명의 사원이 있었다.

우선 호칭부터 어정쩡했다. 먼저 들어온 이 세 사람에게 누구 씨라고 부르기도, 누구 선배라고 부르기도 꺼림칙했다. 호칭을 부를 수 없으니 대화는 최대한 절제됐다. 게다가 공교롭게도 또래 세 사람이 모두 같은 대학 출신이었다. 자연스레 상사들에겐 늘 비교 대상이 됐고, 우리는 묘한 경쟁 관계에 놓였다.

●○

특히 나보다 6개월 먼저 들어온 여직원과의 관계가 가장 힘들었다. 당시는 개인 컴퓨터가 없던 시절이라 이 직원이 타

자기로 타이핑해주지 않으면 상사에게 서면보고를 할 수 없었는데, 내 보고서는 늘 뒷전이었다. 다른 사람과 함께 있을 때는 따뜻하게 대해주다가도 둘만 남으면 얼굴색이 변했다. 내가 공부하고 군대 다녀오느라 늦게 들어온 것은 그에게 의미가 없었다. 나를 선임 직원으로 인정하지 않으니, 내 글을 타이핑해줄 이유도 없었다. 당시 신혼이었던 나는 "회사 생활 못 하겠다"라며 아내 앞에서 눈물을 보이기까지 했다.

이 시절 내 눈에 들어온 게 지하에 있던 운전기사 대기실의 풍경이었다. 1990년 당시 회사는 부서장 전원에게 차와 운전기사를 제공했다. 기사분들은 부서장을 출근시키고, 가끔 나오는 업무 배차만 소화하면 됐다. 기사 대기실에는 감독하는 사람도, 눈치 보는 사람도 없었다. 잠을 자거나, 책을 읽거나, 담소를 나누거나, 장기나 바둑을 두는 등 각자 하고 싶은 일을 했다. 누가 무엇을 하건 상관하지 않았다.

무엇보다 호칭이 누구 형이나 아무개로 통일돼 있었고, 서로 존대도 하지 않았다. 그렇다고 누구도 불만을 갖거나 서운해하지 않았다. 말 그대로 격의 없는 관계였다. 종신 고용이 보장돼 있고 승진할 일도 없으니 누구에게 잘 보일 필요도 없었다. 게다가 이 방 사람들은 모르는 게 없었다. 회사의 모든 정보가 이 방으로 흘러들었다. '사장님이 어제 누구와 저녁을 먹었다', '어느 임원은 누구와 친하다' 등등 온갖 뉴스가 모이는 첩보의 저수지, 다시 말해 정보의 허브였다.

나는 소통의 유토피아가 있다면 바로 이곳 같은 모습이겠구나 생각했다. 언젠가 내가 조직 책임자가 되면 이런 관계의 낙원을 만들어봐야겠다고 꿈꾸기 시작했다. 하지만 이후 직장생활 내내 내가 경험한 조직 소통은 기사 대기실 풍경과는 정반대였다.

● ○

소통이 잘된다는 건 무엇일까? 말과 글이 흐르는 것이다. 위에서 아래로, 아래에서 위로, 그리고 옆으로 잘 흐르면 된다. 그런데 내가 겪은 조직뿐 아니라 일반적인 회사 조직은 이 세 흐름 모두 동맥경화를 겪고 있다. 말과 글이 원활하게 통하지 않기에 관계가 원만하지 않고, 관계가 원만하지 않으니 조직은 효율이 떨어지고 개인은 행복하기 어렵다.

대체 어떤 문제가 있길래 소통이 원활하지 못한가. 내가 찾은 원인은 세 가지다. 첫째, 위에서 아래로 잘 알려주지 않는다. 둘째, 아래에서 위로 말하지 않는다. 셋째, 경쟁 관계에 있는 옆 사람과 공유하지 않는다. 불통의 원인은 이처럼 단순하다. 그렇다면 해법 또한 간단명료할 수밖에 없다.

첫째, 위에서 아래로 잘 알려주면 된다. 그런데 왜 잘 알려주지 않을까? 알려줄 필요성을 느끼지 못해서 그럴 수 있다. 자신은 누가 알려줘서 거기까지 올라간 게 아니니까. 아니면 자신부터 아는 게 없어서 못 알려줄 수 있다. 알려줄 내용도 있고 알려줄 필요도 느끼지만, 방법이 서툴러서 잘 알려주지 못할 수도 있다. 이 밖에 바빠서 안 알려줄 수도 있고, 아는 것으로 상사 노릇을 하거나 자신과 친한 사람에게만 알려줌으로써 자기 밑에 줄을 세우기 위해 그럴 수도 있다. 이유가 무엇이든 위에서 잘 알려줘야 한다. 알려주면 일을 잘할 뿐 아니라 위아래 관계도 좋아진다.

둘째, 아래에서 위로 말하면 된다. 아래에서 말하게 하려면 위에서 잘 들어줘야 한다. 말해서 불이익을 당하거나 손해를 봐선 안 된다. 아래 직원의 말을 자꾸 평가하려 해서도 안 된다. 말하면 무조건 이익이다, 어떤 말이건 대접받는다는 인식이 조직문화로 자리 잡아야 한다. 위에서 잘 들어주는 게 필요조건이라면, 충분조건은 아래 직원이 말하는 것이다. 아래 직원 스스로 할 말이 있어야 하고, 말하고 싶어야 한다. 어떻게 하면 이럴 수 있을까? 공부하면 된다. 공부하면 할 말이 생기고, 말로써 존재감을 드러내고 소통의 장에 참여하고 싶어진다.

셋째, 옆으로는 경쟁에서 협력 쪽으로 물꼬를 틀어야 한다. 말로 이기려 들거나 편 가르지 않고 서로의 다름을 인정하는 바탕 위에서, 다른 생각과 입장과 감정을 존중하고 공감하고 공유해야 한다. 사람과 사람 간, 부서와 부서 간 장벽을 허물고 말과 글이 자유로이 넘나들게 해야 한다.

대통령 연설비서관이 됐을 때 비로소 소통의 유토피아를 시험할 기회가 왔다. 앞서 말했듯이 나는 대통령이 알려주는 내용을 혼자 듣지 않았다. 행정관들과 함께 가서 들었다. 그러다 보니 나와 행정관들의 아는 수준과 양이 다르지 않았다. 행정관은 언제든 기탄없이 얘기했다. 연설비서관실이 잘될 수 있도록 의견을 말하는 데 적극적으로 참여했다.

대통령이 나를 찾으면 행정관들은 너나없이 자신들이 알고 있는 내용을 알려주기 바빴다. 내가 모르는 내용을 대통령이 물어보실까 봐 염려가 돼서다. 행정관들도 서로 경쟁하지 않았다. 초안이 하나 나오면 모여 앉아 동료의 글을 열과 성을 다해 고쳐줬다. 이를 통해 서로 돕고 서로에게 배웠다. 인사고과도 비서관인 내가 하지 않았다. 모여서 토론했다. 우리는 휴일에도 배우자를 피해 사무실에 모였다. 사무실이 우리의 피난처이자 안식처였고, 관계의 낙원이었다.

5장

결단력

잘 끊는 것이
더 어렵다

거절,
삶의 지경을 지키는 수단

나는 외할머니 손에서 컸다. 외할머니와 헤어지는 꿈을 꾸면서 자랐는데, 특히 전쟁이 나서 외할머니께서 돌아가시는 꿈을 자주 꿨다. 버림받을지 모른다는 불안과 두려움이 있었던 듯싶다. 자라서도 두 마디 말은 하지 않고 살았다. "하기 싫어요"와 "할 수 없어요"다. 관계가 틀어지거나 나에 대한 평판이 나빠질까 봐서다.

나 같은 사람은 두 가지 성향을 띤다고 한다. 하나는 거부 민감성이고, 다른 하나는 착한 아이 콤플렉스다. 둘 다 맥락은 같다. 다른 사람에게 거부당할까 봐 불안해하고, 거부당하지 않기 위해 거절을 잘 못 한다는 것이다. 늘 거부당하는 상황을 걱정하고, 거부당했을 때 낙담하고 우울해한다. 심하면 화를 내거나 자괴감에 빠지기도 한다. 거절하지 못했을 때도 자책하거나 부탁한 사람을 원망하기도 한다.

이뿐만이 아니다. 불편한 상황에서도 억지로 화를 참고 싫은 내색을 하지 못한다. 명령과 지시에 순종하고, 약속과 규칙을 지켜야 한다는 강박에 시달린다. 갈등을 피하기 위해 내키지 않는 양보와 사과를 하고, 자신이 원하는 것보다는 남이 바라는 대로 처신한다. 좋지 않은 평판에 과민하게 반응하고, 좋은 평판을 얻기 위해 손해를 감수한다. 이 모두 인정받고 사랑받기 위한 몸부림으로, 버림받지 않으려고 안간힘을 쓰는 것이다. 한마디로 피곤한 인생이다.

● ○

내겐 거부할 권리가 있다. 거절하지 않는다고 착한 사람이 되는 것도 아니고, 거절한다고 평판이 나빠지는 것도 아니다. 때론 거절이 승낙하고 후회하는 것보다 백배 낫다고 되뇐다.

돌아보면 세상은 나를 수없이 거부했다. 고등학교 입시에 떨어졌고, 대학도 재수했다. 회사에 들어갈 때도 단박에 붙은

적이 없다. 2년 넘게 맡았던 KBS 라디오의 진행자 자리도 교통방송에서 씁쓸하게 물러난 뒤 한참 지나 주어진 기회다.

거절하며 살아야 한다. 거절은 내 삶의 지경을 지키고, 주체적인 결정권자로서 당당하게 살아가기 위해 반드시 필요한 수단이다. 그렇다면 무엇을 어떻게 거절해야 할까?

가장 먼저 떠오르는 거절의 대상은 일이다. 강의하고 글 쓰는 일을 시작하면서 종종 강의 요청이 들어온다. 처음에는 강의 대상이나 주제, 강사료를 불문하고 순서대로 받았다. 시간만 맞으면 거절하지 않았다. 아내는 좀 가려서 받으라고 성화였다. 받아놓은 일자에 더 좋은 조건의 강의가 들어오기도 하고, 들어오는 대로 받자니 일이 많았기 때문이다. 이젠 거절할 것은 거절한다.

조직생활 하는 사람은 일을 거절하기가 쉽지 않다. 엄연히 업무 분장이 돼 있는데도 일이 선을 넘어 자신에게 흘러들어온다. 이런 일을 잘 받아주면 호인이란 소리는 들을망정 일 잘한다는 말은 듣기 어렵다. 이를 깨달은 후 나는 이런 상황이 생길 때마다 요청받은 그 일은 하기 어렵지만, 그 대신 도와줄 다른 일은 없느냐고 물었다. 혹은 요청한 걸 다 들어줄 순 없지만, 여기까지는 가능하다고 말했다.

일은 그 내용과 난이도에 따라 판단해서 거절하거나 수용하기가 쉽다. 내가 도울 수 있는 일과 그렇지 못한 일의 경계가 비교적 분명하기 때문이다. 문제는 인사나 금전적인 부탁이다. 이런 유의 청탁은 위험까지 감수해야 한다. 인사나 금전적인 부탁은 내가 들어줄 수 있는 것과 없는 것으로 나눈다. 들어줄 수 없다고 판단하면 단호하게 거절한다. 이때 대안이 있으면 제시한다. 나는 들어주지 못하지만 누구를 만나보라거나 이런 방법도 있다고 제안하는 것이다.

들어줄 수 있는 것에 대해서는 총량 관리를 한다. 총량 관리는 대우에서 광고 업무를 하면서 배웠다. 기업 광고 담당자는 신문, 잡지 등 각종 매체의 광고 제안을 거절하는 일이 업무의 절반이다. 해당 매체가 힘을 가지고 있기에 감정 상하지 않게 거절해야 한다. 한 매체의 부탁을 들어주면 다른 매체가 벌떼처럼 달려든다. 그래서 이렇게 했다. 새해가 되면 모든 매체를 불러놓고 1년 광고 예산을 공개한 후 매체별로 쓸 수 있는 금액을 배정하고, 연중 필요한 때 쓰라고 언명한다. 이를 두고 불만을 표시하는 매체는 없었다.

이는 사람들과의 관계에서도 유효하다. 나는 내가 쓸 수 있는 총량을 정해놓고 사람과 사안에 따라 안배한다. 안배 기준은 부탁을 들어줌으로써 내가 감당해야 하는 부담과 얻을 수 있는 이익 사이의 무게다. 물론 부탁한 사람과의 친소 정도도 중요한 기준이 된다.

지나친 간섭도 거절할 수 있어야 한다. 나와 다른 의견에는 단호히 "아니요"라고 답한다. 우리는 대체로 세상 사람들의 생각의 맥락 속에서 산다. 하지만 다른 사람의 간섭과 의견에 순응하기만 하면 내 생각이 설 자리는 없다. 생각의 조류에 휩쓸려 조난자 신세를 면하기 어렵다.

때로는 소박한 삶의 행복을 누리기 위해서라도 거절이 필요하다. 세상은 내게 요구하는 것이 많다. 경제적 윤택과 사회적 출세, 인기 있는 삶을 살아야 한다고 어르고 달랜다. 이에 불응하면 인생이 망가질 것처럼 겁도 준다. 이런 요구에 휩쓸리거나 타협하지 않고 내게 필요한 수준까지만 하겠다고 다짐하는 삶의 태도가 필요하다.

●○

사람은 누구나 거절하는 입장에만 놓이진 않는다. 부탁해야 할 일도 많다. 이때 거절당하는 걸 겁내지 않는 용기가 필요하다. 고향 후배 중 영업에 발군인 친구가 있다. 고등학교 졸업 후 영업에 뛰어든 그는 파는 것마다 대박 행진을 이어왔다. 『거절을 거절하라』의 저자로 근자에는 의사 직군을 상대로 금융 상품을 판매하고 있는데 역시 최고의 실적을 기록 중이다. 그에게 비결을 묻자 이런 답이 돌아왔다.

"처음에는 문전박대당하기 일쑤입니다. 저도 영업 일을 시작하고 처음 6개월은 1,200곳을 방문해서 두 건을 겨우 성사시켰을 정도로 어려웠습니다. 그마저도 한 건은 하루 만에 취소됐고요. 하지만 상처받지 않았습니다. 우선 아는 사람을 찾아가지 않으니 거절당해도 상처받을 일이 없지요. 무엇보다 나는 상품을 팔러 간 게 아니라 좋은 정보를 주러 간다고 생각했습니다. 가입하지 않으면 그들만 손해라고요. 그만큼 파는 상품에 자신을 가졌습니다. 그게 없으면 팔지 말아야지요."

내게 거절할 권리가 있는 만큼 남의 거절도 인정해줘야 한다는 얘기다. 그래야 거절당하는 자신도, 거절하는 상대도 마음이 편하다. 무엇보다 부탁할 때는 거절당할 각오를 해야 한다. 거절당하더라도 원망하지 말아야 한다. 그런 결과를 모두 내 탓으로 돌리고, 후일을 도모해야 한다. 그렇게만 한다면 거절당하는 게 더 이상 두렵지 않고, 거절이 발전을 위한 디딤돌이 될 수 있을 것이다.

잘 살고 싶다면 잘 헤어져라

헤어짐에 관한 표현이 많다. 잠깐 헤어지는 '작별'이 있고, 영원히 헤어지는 '고별'이 있다. 작별 인사는 다시 만날 날을 기약하지만, 고별 인사는 마지막 단 한 번뿐이다. 헤어짐의 강도에 따라서도 담담하게 갈라서는 '이별', 애틋하게 헤어지는 '석별', 단호하게 끊어내는 '결별'이 있다.

돌아보면 수없이 헤어졌다. 초등학교 2학년 때 어머니와 헤어졌고, 고등학생 때 첫사랑과 헤어졌고, 내가 모셨던 김우중 회장·김대중 대통령·노무현 대통령과도 헤어졌다. 사람들하고만 헤어진 것도 아니다. 소중했던 학창 시절에 이어 직장생활과도 헤어졌고, 오래전에 고향과도 헤어졌다. 헤어짐이 이토록 애틋하고 그리운 감정을 불러일으키는 것이라면, 내 인생에서 헤어질 것들을 만났다는 건 얼마나 큰 축복이고 감사한 일인가.

●○

삶은 헤어짐의 연속이다. 회자정리會者定離라고 했던가. 만나면 결국 헤어지게 돼 있다. 영원한 관계는 존재하지 않고, 존재할 수도 없다. 이별은 우리가 마주하는 모든 일상에 들어 있다. 인간사가 헤어짐의 연속이라면 만나는 모든 것과 잘 헤어지는 것만으로도 절반은 성공한 인생일 것이다.

이별은 대상에 따라서도 여러 경우로 나뉜다. 사랑하는 연인과의 이별이나 배우자와의 이혼, 죽음으로 인한 이별 등. 이런 상실은 우리네 삶의 단계에서 시나브로 찾아온다. 이별은 사랑하는 사람과의 헤어짐만을 의미하지 않는다. 학교를 졸업하고, 결혼해서 분가하고, 유학을 떠나고, 가족으로부터 독립하는 것 모두 이별이다. 과거에서 벗어나 새로운 자아를 찾는 것도 넓은 의미에서의 이별이다. 따라서 이별하는 방법이 있다면 이 역시 대상에 따라 달라져야 한다.

우선 사귀던 사람과의 이별을 이야기해보자. 강렬했던 첫 사랑의 감정을 평생 안고 살아가는 건 쉽지 않은 일이다. 우리는 영원히 함께할 것처럼 만나지만, 시간이 흐르면 마음도 변하고 죽고 못 사는 관계도 변한다. 소중한 인연, 소중한 감정도 세월이 흐르면 변하고 퇴색하게 마련이다. 따라서 연인 사이에서는 관계의 유한함을 늘 상기할 필요가 있다.

그럼에도 이별해야 한다면 좋은 이별을 해야 한다. 먼저, 헤어지자는 말은 얼굴을 보며 해야 한다. 헤어지는 마당에 잠시라도 다시 보고 싶지 않겠지만, 그럴수록 만나서 얼굴을 보며 이야기해야 한다. 내 표정이나 말투, 분위기를 통해 진심을 전할 수 있고 오해의 소지를 줄일 수 있다. 이런 중요한 이야기를 문자나 이메일, 메신저로 전하면 이별 통보를 받는 처지에서는 당황할 수밖에 없다. 많은 경우 글의 행간을 잘못 해석해 억측을 낳기도 하고 배신감을 느낄 수 있다. 이건 도리가 아니다. 사랑했던 사람에 대한 기본적인 배려가 없는 것이다. 이별에도 최소한의 예의가 필요하다. 마지막까지 성의를 다하지 않는 이별은 좋은 이별이 될 수 없다.

헤어지는 이유도 분명히 얘기해야 한다. 에둘러서 표현하면 미련만 남긴다. 상대가 마음을 정리할 시간도 줘야 한다. 상대는 무너진 일상을 회복하는 데 얼마나 많은 시간을 허비하겠는가. 하지만 더 중요한 건 자신의 마음이다. 헤어진 후 이별을 후회하거나 이별을 번복하고 싶은 마음이 들지는 않을지 생각하고 또 생각해본 후 이별을 통보해야 한다. 아울러 그렇게 신중하게 내린 결론이라면 헤어진 후 연락하지 말아야 하고, 다시 오는 연락에 대해서도 망설임 없이 단호하게 대응해야 한다.

좋은 이별은 자신을 위해서도 필요하다. 이별을 잘해야 새로운 만남에도 자신감을 가질 수 있다. 헤어지고 나서 가끔은 '그 사람은 잘 지내고 있을까?' 생각해볼 여유도 생긴다. 그게 내 인생의 중요한 토막 하나를 허비하지 않는 일이며, 내 인생을 지탱해나갈 추억이 될 테니까 말이다.

● ○

가까운 사람의 죽음으로 이별을 맞는 때도 있다. 누구나 알고 있지만, 아무도 모르는 게 죽음이다. 소설가 김훈 선생은 『연필로 쓰기』에서 "죽음은 경험되지 않고 전수되지 않는다. 아직 죽지 않은 자들은 죽은 자들의 죽음에 개입할 수 없고, 죽은 자들은 죽지 않은 자들에게 죽음을 설명해줄 수 없다"라고 했다. 그렇다. 그러나 우리가 죽음을 알 순 없지만 죽음으로 인한 상실의 고통은 잘 안다. 누구에게나 소중했던 관계를 끝내는 건 참 힘든 일이다. 특히 사랑하는 사람과의 이별은 두려움과 불안, 외로움을 부른다. 미국 워싱턴대학교 의과대학 토머스 홈스Thomas Holmes 박사 팀의 연구 결과에 따르면 배우자의 사망 혹은 이혼, 별거 등 사랑하는 사람과의 이별이 가장 큰 스트레스 요인이라고 한다.

얼마 전 자살자 가족 모임에서 강의한 적이 있다. 이들 유족 대부분은 자신들을 '자살생존자'라고 부르며 가족의 죽음을 자책하고 그들을 떠나보내지 못하며 고통 속에서 살고 있었다. 사랑하는 이의 죽음은 남은 자의 마음에 오래도록 깊은 상실감과 아픔을 준다. 사별은 당사자들의 의사와 관계없이 발생하며, 살아가며 반드시 경험할 수밖에 없는 아픔이다.

피할 수 없다면 견뎌내야 한다. 그러기 위해 충분한 애도의 시간이 필요하다. 슬픔을 안으로 삭이지 말고 슬퍼해야 한다. 꾹꾹 눌러 삼킬 일이 아니다. 하지만 애도 기간이 너무 지나쳐도 안 된다. 삶에 지장을 줄 정도가 되는 것은 떠난 사람이 바라는 바가 결코 아닐 것이다. 옛 어른들의 말처럼 '산 사람은 살아야 한다.' 이것이 세상을 떠난 사람에 대한 살아 있는 사람의 도리다. 애도하고, 살아남고, 잘 지내야 한다. 나이가 들면 주변 사람들이 하나둘씩 사라진다. 세상을 떠나거나, 병으로 거동이 어렵거나, 이런저런 이유로 얼굴 보기 힘들어진다. 이것이 자연의 순리다. 안타깝지만 받아들여야 한다.

끝으로, 자신과도 시시때때로 이별해야 한다. 내가 늘 같은 나여선 곤란하다. 때에 따라 변모해야 한다. 내가 모시던 어느 회장은 입버릇처럼 '3심'을 강조했다. 욕심, 의심, 변심이 그것이다. 사람은 욕심이 있어야 하고, 모든 걸 의심해봐야 한다. 무엇보다 변화해야 한다. 어릴 적 모습 그대로 늙어가는 건 부끄러운 일이라고 틈날 때마다 이야기했다.

나는 국민의 정부에서 연설행정관으로서 일을 제법 잘했다. 그런 결과로 참여정부에서 연설비서관으로 발탁됐다. 하지만 행정관과 비서관은 역할이 달랐다. 행정관은 글을 잘 써야 하고, 비서관은 잘 고쳐야 한다. 또 김대중 대통령 연설문을 쓰는 나와 노무현 대통령 연설문을 쓰는 나는 달라야 한다. 노무현 대통령의 연설비서관이 된 순간, 김대중 대통령 연설문을 쓰던 행정관과 이별해야 한다. 그러지 않고는 새로운 역할을 잘할 수 없다. 새 술은 새 부대에 담아야 한다.

역할뿐만이 아니다. 자신의 나쁜 버릇이나 잘못된 생각과도 결별해야 하고, 때로는 아름답고 평온했던 과거와 작별을 고하고 새로운 변화를 시도해야 한다. 또 어떤 경우는 자신이 저질렀던 부끄럽고 죄스러운 일들을 너그럽게 용서하고, 자기를 괴롭혔던 사람들과 화해하며 그 모든 걸 떠나보내야 한다. 나아가 내 삶과 영원히 고별하는 순간을 그려보며 오늘을 살아가야 한다.

만남에는 반드시 헤어짐이 따른다. 헤어짐은 때로는 느닷없이 들이닥치고, 때로는 안개처럼 스멀스멀 다가온다. 헤어짐을 알고 있다면 바로 이 순간의 삶이, 만남이, 인연이 소중할 수밖에 없다. 내가 지금 만나는 사람, 현재 경험하는 세상이 내게 어떤 의미이고 얼마나 고마운 존재인지 알고 싶거든 그들과 당장 헤어지는 걸 상상해보라.

헤어짐은 또 다른 시작이다. 끝이 없다면 새로운 시작도 없다. 헤어져야 할 순간이 오면 그동안 관계 맺었던 것들에 감사하고, 또 다른 시작을 준비하자. 헤어지는 대상의 안녕을 빌어주고 장래를 축복해주자. 그리고 새롭게 출발하자. 잘 헤어져야 잘 살 수 있고, 잘 살기 위해 잘 헤어져야 한다.

헤어짐이 이토록 애틋하고
그리운 감정을 불러일으키는 것이라면,
내 인생에서 헤어질 것들을 만났다는 건
얼마나 큰 축복이고 감사한 일인가.

인간관계에도 가지치기가 필요하다

찬 바람이 불기 시작하면 한 해 농사를 갈무리한 농부들은 슬슬 가지치기를 준비한다. 나무가 햇빛을 고루 받아 건강히 자라게 하려면 말라 죽거나 길게 늘어진 가지를 잘라내야 한다. 제멋대로 뻗어나가 뒤엉킨 가지는 나무에도 스트레스여서 솎아내야 한다. 그래야 튼실하고 풍성한 열매를 수확할 수 있다.

인간관계에도 가지치기가 필요하다. 사람은 누구나 가족이나 친구, 연인, 동료 등과 인연을 맺으며 새로운 가지를 뻗어나간다. 이 가운데는 기쁨과 즐거움을 주는 만남도 있지만,

갈등과 고통의 원인이 되는 만남도 있다. 가지 많은 나무에 바람 잘 날 없는 법이니까.

그런데 살다 보면 가지를 뻗는 데만 관심을 가질 뿐, 쓸데없이 웃자란 관계를 쳐내는 데는 소홀하게 된다. 관계가 성장을 넘어 성숙 단계로 나아가기 위해서는 가지치기가 필요한데도 말이다.

● ○

인맥은 기회와 정보에 접근하는 데 지대한 영향을 미친다. 나는 관계의 힘으로 직장생활을 영위했다. 항상 어딘가에 가 닿을 수 있었던 건 관계 덕분이었다. 이뿐만이 아니다. 혼자서 할 수 있는 일이라는 게 없었다. 그때마다 누군가가 내게 필요한 정보를 알려줬고, 내게 도움을 줘서 가능했다.

하지만 얕은 인맥은 아무리 쌓아도 도움이 되지 않는 경우가 많다. 내가 아는 사람은 많으나 나를 알고 있는 사람은 그리 많지 않고, 모아놓은 명함은 많지만 실제 어려운 일을 당했을 때 연락할 수 있는 사람은 별로 없다. 친구는 많지만 진정한 친구는 손에 꼽을 정도다.

선택하고 집중해서 옥석을 가려야 한다. 우리가 가진 시간과 에너지가 한정돼 있기 때문이다. 모든 사람과 고루 잘 지낼 수 있으면 좋으련만, 그러다 보면 피로감이 쌓이게 마련이다. 정작 중요한 관계에 에너지를 충분히 투입하지 못한다. 산토끼를 쫓다가 집토끼마저 잃어버리는 결과를 초래할 수 있다. 이럴 때 필요한 게 가지치기다.

가지치기는 어떻게 해야 할까? 관계를 정리하는 나름의 기준을 정립할 필요가 있다. 그리고 그 기준은 철저하게 자기중심적이어야 한다. 나의 기준을 정리해보자면 이렇다. 첫째, 상대방과의 관계가 일방적이라면 하루빨리 정리하는 게 좋다. 관계는 상호적이어야 한다. 나는 그 사람과 친하다고 여기는데 정작 그 사람은 나와 친하다고 생각하지 않는다거나, 자신에게 필요할 때만 나를 찾고 내가 필요로 할 때는 만나주지 않는 관계는 끊는 게 맞다. 5:5의 관계가 가장 바람직하지만, 그러기는 쉽지 않다. 그렇다고 10:0이나 9:1의 일방적인 관계를 용인해선 안 된다. 이는 지배와 피지배 관계이기 때문이다.

둘째, 내게는 잘해주더라도 다른 사람에게 몰지각하고 몰염치한 사람과의 관계는 단절하는 게 좋다. 식당에 가서 종업원에게 함부로 하거나 새치기를 천연덕스럽게 하고, 길거리에 쓰레기를 함부로 버리는 사람과는 거리를 둬야 한다.

셋째, 믿을 수 없는 사람과의 관계도 정리 대상이다. 밥 먹듯이 약속을 어기고, 거짓말로 상황을 모면하려 하는 사람과의 관계는 단절해야 한다. 이런 사람은 내가 없는 데서 나를 험담할 사람이며, 언젠가 내 뒤통수를 칠 사람이다. 이런 관계는 버림을 당하기 전에 먼저 버려야 한다.

넷째, 만나면 푸념과 불평불만만 늘어놓는 사람은 멀리한다. 매사를 긍정적이기보다는 부정적으로 접근하고, 장점보다 단점만 보고, 이룰 방법보다 안되는 핑계만 찾는 사람과의 관계가 삶에 보탬이 될 리 없다. 기가 빨릴 뿐이다. 만나고 나면 '왜 만났지?' 하는 후회만 남는다.

다섯째, 감정적으로 상대를 조종하려는 사람과의 관계도 잘라내야 한다. "너 때문에 힘들어"라며 이유 없이 죄책감을 심으려 하거나, 지나친 집착으로 상대를 통제하려는 사람과의 관계는 스트레스를 유발하고 에너지를 고갈시켜 십중팔구 상처만 남기고 끝나게 마련이다.

● ○

가지치기를 통해 얻을 수 있는 가장 큰 이점은 정신적·정서적 에너지를 절약할 수 있다는 것이다. 모든 관계를 유지하려는 노력은 많은 에너지를 소모하게 한다. 중요한 관계에만 에너지를 쏟으면 정신적인 부담을 줄일 수 있다. 2018년 미국 심리학회APA는 "불필요하거나 부정적인 관계는 스트레스를 가중하고 건강에 나쁜 영향을 줄 수 있다"라고 발표했다.

아울러 관계의 가지치기는 나의 발전 방향에 부합하지 않는 사람들과의 연결을 줄이고, 나의 성장에 보탬이 되는 사람과의 연계와 결속을 강화함으로써 소모적 관계가 생산적인 관계로 바뀌게 한다.

아내는 35년간의 직장생활을 마무리하면서 좋은 점 하나를 꼽았다. 직장에 다니면서 맺었던 수많은 관계를 정리할 수 있다는 것. 아내는 직장을 그만둔 다음 날 휴대전화에 저장된 번호를 자신이 정한 기준에 따라 하나둘씩 지웠고, 그 지워진 개수만큼 자유로움을 느꼈다고 했다. 3,000개가 넘던 전화번호 목록이 스크롤 몇 번으로 끝날 만큼 단출해졌다. 이제 보고 싶지 않은 사람은 보지 않아도 되는 자유와 수많은 경조사에서 벗어났다는 해방감이 퇴직이 가져다준 가장 큰 선물이라고 했다. 이렇게 개운할 줄 알았더라면 좀 더 일찍 정리했어도 괜찮았을 것 같다는 말도 덧붙였다.

과도한 가지치기가 가져올 역효과도 분명히 있다. 갑자기 인간관계가 좁아져 고립감과 외로움을 느낄 수 있고, 가지치기 과정에서 충분한 의사소통이 이뤄지지 않아 상대방이 오해하거나 상처받을 수 있다.

어설픈 가지치기로 상대를 적으로 만들 필요는 없다. 관계를 정리할 때 되도록 솔직하고 부드럽게 소통해야 하며, 소통의 빈도를 조금씩 줄여나가 상대가 상황을 자연스럽게 받아들이도록 해야 관계를 원만하게 끝낼 수 있다. 하지만 시급히 정리해야 할 상황이라면, "이제 나에게만 온전히 집중할 시간을 갖고 싶어"와 같이 눈치 보지 않고 단호하게 밝히는 게 좋다.

살면서 어려운 일 가운데 하나가 버리는 일일지 모른다. 버리는 건 늘 아쉽고 아깝다. 글을 쓸 때도 무언가를 더 넣으려 할 뿐 빼는 데는 인색하다. 빠진 게 있는 글보다는 뺄 게 없는 글이 더 나은데 말이다. 이제 뺄 수 있는 건 다 빼면서 쓰려고 노력한다. 뺄 것을 과감하게 빼면 후려치는 데서 오는 짜릿함이 있다. 최대한 빼고 나면 남은 게 빛난다. 말도 그렇다. 나이를 먹을수록 말수를 줄여야 한다. 불필요한 말은 과감하게 솎아내야 한다. 버리는 걸 주저하지 말아야 한다.

세상에 영원한 것은 없다. 하물며 인간 사이의 관계쯤이야.

시간이 흐르면서 인간관계가 변하는 것은 극히 자연스러운 일이다. 내 인생이 원치 않는 사람들과의 관계로 흔들리지 않도록 불필요한 관계는 훌훌 털어내자. 관계의 굴레에서 벗어나자.

나는 비교를 거부한다

인류는 비교를 통해 생존하고 번성했다. 적과 동지를 구분하고, 보다 나은 것과 그렇지 않은 것을 비교하면서 발전해왔다. 비교하기 위해 갈래를 나눴고, 이렇게 분류한 것에 서열을 매겨 나은 것을 선택했다. 서열은 또한 경쟁을 낳았고, 남보다 더 가지려는 경쟁은 발전의 촉매제가 됐다. 특히 우리나라는 비교에 민감하다. 타인에 대해 유난히 관심이 많고, 남과 비교하는 걸 즐긴다. 친구 자녀와 자기 자식을 비교한다. 서로 간에 아파트 평수와 자동차 크기를 비교한다. 심지어 마트에 가서도 다른 사람의 카트를 유심히 본다. '남들은 무엇을 주로 사나' 하면서 말이다.

비교의 폐해는 생각 이상으로 크다. 무엇보다 정서적으로 피폐해진다. 비교에서 오는 감정은 열등감과 상대적 박탈감, 우월의식과 교만함, 시기와 질투심이다. 이 모두 하등 도움이 안 된다. 불행의 구렁텅이로 빠트릴 뿐이다. 남과 비교하는 순간, 내 인생은 지옥이 된다.

● ○

불만이란 감정도 비교에서 비롯한다. 직장 다닐 적에 일 자체는 문제가 되지 않았지만, 남보다 일이 더 많은 게 늘 불만이었다. 비교하지 않으면 불만도 없다. 『돈키호테』를 쓴 작가 미겔 데 세르반테스Miguel de Cervantes가 "더 좋은 상태를 안 보면 자기 상태에 만족할 수 있다"라고 했다지 않는가.

비교는 갈등도 조장한다. 직장에서 인사평가를 받는 건 비교당하는 일이다. 서로 의지하고 도와야 할 동료가 비교 대상이 되고, 이렇게 비교가 만연하면 관계가 좋을 수 없다. 비교는 친구를 적으로 만든다. 배고픈 건 참아도 배 아픈 건 못 참는 게 인지상정이다.

비교는 남의 눈으로 나를 보게 한다. 비교할수록 남을 흉내

내고 대세를 따라가게 된다. 주변에서 성실성을 잣대로 자신을 남과 비교하면, 창의적인 사람도 어느덧 성실하게 보이고자 노력하게 된다. 결과적으로 자신의 고유성을 잃어버리고 독창성은 사라진다.

우리는 이처럼 평생을 비교의 제물로 산다. 학창 시절에는 성적으로, 성인이 돼서는 일터와 보수로 비교한다. 결혼을 하면 배우자로 비교하고, 자식을 낳으면 자식들끼리 비교한다. 비교의 제단에 자신을 희생양으로 바치며 사는 것이다.

비교는 기준, 시점, 대상 측면에서 오류를 내포하고 있다. 고교 시절 내내 나는 의문이 들었다. 누군가가 정해놓은 과목을 기준으로 등수를 매기는 게 정당한가? 누구는 국어·영어·수학 과목이 자신의 적성에 맞겠지만, 다른 누군가는 더 잘할 수 있는 과목이 따로 있을 텐데 이런 맹목적인 비교는 부당하지 않은가? 적어도 공정하다고 할 순 없지 않은가.

직장 다닐 때도 이런 의구심이 들었다. 실력 있고 인간성도 좋은 사람과 실력도 없으면서 인간성까지 안 좋은 사람과의 비교는 얼마든지 가능하다. 그런데 실력은 좋지만 인간성이 나쁜 사람과 실력은 별로지만 인간성이 좋은 사람을 과연 비교할 수 있을까? 마치 축구 잘하는 사람과 농구 잘하는 사람을 모아놓고 어느 한 종목으로 경쟁시키는 것과 같지 않은가?

시점의 문제도 있다. 인생은 앞서거니 뒤서거니 한다. 앞서 가던 사람이 뒤처질 수 있고 뒤에 가던 사람이 역전할 수도 있다. 젊었을 때 잘나갔다고 평생 그러리란 보장이 없다. 누구에게나 자신의 전성기가 있다. 우리 모두는 각자의 시간에 빛난다. 그러므로 특정 시점에서의 비교는 무의미하다. 나는 아직 내 인생의 정점은 오지 않았다는 생각으로 산다. 언젠가 더 나은 날이 올 것이란 희망으로 산다. 그런 나를 지금 시점에서 비교하는 건 부질없는 일이다.

무엇보다 모든 건 상대적이다. 비교 대상이 누구냐에 따라 결과가 달라진다. 제아무리 돈이 많은 사람도 더 큰 부자보다는 가난하다. 아무리 키 큰 사람도 더 큰 사람보다는 작다. 무엇이 우월하고, 무엇이 열등하단 말인가.

그렇다고 모든 비교가 나쁜 것은 아니다. 상황에 따라 비교는 유용하기도 하다. 비교는 스스로를 자극해 분발하게 한다. 초등학교 다닐 적 우리 할아버지의 일상은 아들들과 딸네 집을 순회하는 일이었다. 이 집 저 집 돌면서 손주들의 소식을 전했다. 고모 아들이 전교 1등을 했다거나 작은아버지 딸이 대회에서 상을 받았다는 등의 내용이다. 사촌 동생이 나보다 낫다는 말씀에 스트레스와 함께 큰 자극을 받았다. 이런 할아버지의 도발은 하루가 멀다고 이어졌고, 나의 승부욕을 촉발

했다.

비교는 또한 내가 어디쯤 가고 있고, 어느 위치에 있는지 점검할 기회를 준다. 비교가 없는 진공상태에서는 내 형편이 어떤지 알 수 없다. 그뿐 아니라 나는 비교에서 영감을 얻는다. 이것과 저것의 공통점과 차이점, 장단점을 비교 분석함으로써 아이디어를 얻는다. 이 모두 비교가 주는 선물이다.

●○

나는 비교의 수렁에 빠지지 않고 장점만을 취하기 위해 안간힘을 쓴다. 내 비교 대상은 남이 아닌 나의 과거다. 책을 출간했을 때 다른 책과 내 책의 판매 실적을 비교하지 않는다. 이전에 내가 냈던 책과 비교한다. 『노인과 바다』를 쓴 헤밍웨이는 이런 말을 남겼다.

> "당신의 동료보다 우월한 것은 고귀한 것이 아니다. 진정한 고귀함은 이전보다 우월한 데 있다."

비교 기간을 길게 잡으면 발전이 없을 수 없다. 나는 과거보다 나아진 자신을 칭찬한다. 그리고 과거에 머물러 있는 스스로에 회초리를 든다. 과거와 현재만을 비교하지도 않는다. 나의 현재와 미래를 비교한다. 과거의 영광에, 현재의 성취에 도취되지 않는다. 어제와 다른, 오늘보다 나은 내일을 꿈꾼다.

비교의 비극은 남의 최상과 자신의 최저를 견주는 데 있다. 남들이 자랑하고 싶어 하는 순간과 나의 부끄러운 순간을 비교한다. 내게 없는 것을 남은 다 가진 것 같고, 나만 불행하고 모두가 행복하다고 착각한다. 누구에게나 그늘이 있다. 그늘이어서 보지 못하고 알지 못할 뿐이다. 나는 퇴고를 거듭한 남의 최종 원고와 나의 초라한 초고를 비교하면서 좌절하지 않는다.

비교의 기준도 내가 정한다. 나는 비교의 객관적 기준이 있다고 생각하지 않는다. 그 대신 나의 주관적 척도를 신뢰하고 존중한다. 나의 비교 척도는 잘함과 못함이 아닌, 좋아함과 싫어함이다. 내가 남보다 못해도 그들보다 좋아하면 된다. 남들보다 책이 덜 팔렸어도 그들의 책보다 내 책이 더 좋으면 만족한다. 비교 기준은 다양하다. 돈, 지위, 외모, 말솜씨, 신체적 건강, 글재주, 음악적 재능, 미술적 감각, 운동 신경, 다정함 등 셀 수 없이 많다. 하나의 잣대가 아니라 여러 선택지가 있다. 이 가운데 어느 것 하나도 가지지 않은 사람은 없다.

그 척도로 나를 평가하면 된다.

이 밖에도 비교의 굴레에서 벗어나는 길은 많다. 비교를 허락하지 않을 만큼 독보적 존재가 되기, 남과 협력해서 상생의 길로 나아가기, 비교를 일삼고 부추기는 사람을 멀리하기, 남과 비교할 수 없는 나만의 경험을 쌓아가기, 곁눈질하지 않고 자기만의 분명한 목표의식으로 정진하기.

어차피 인생은 각자도생이다. 내가 남의 삶을 살 수 없고, 남이 내 삶을 대신 살아주지 않는다. 남을 향한 시선을 내게로 돌리자. 나의 길을 꿋꿋하게 가자. 나만의 속도로 나아가자. 나는 나대로 존귀하다.

포용의 용기가 빛나는 순간

우리는 많은 관계 속에서 살아간다. 갈등과 다툼이 없는 관계는 없다. 가까운 관계일수록 상처는 더 깊다. 부부 사이의 말 한마디, 부모와 자식 사이의 오해, 친구 간의 서운함이 그렇다. 시간이 흐르면 잊힐 법도 한데 마음속에 작은 가시처럼 박혀 있다. 이런 상황에서 우리는 세 가지 선택을 할 수 있다. 불편한 관계를 풀고 갈 것인가, 묻고 갈 것인가, 아니면 끊고 갈 것인가.

가장 안 좋은 선택은 묻고 가는 것이다. 관계 안의 모든 이를 불행하게 하는 최악의 선택이다. 차선은 끊고 가는 것이다. 이 역시 어느 일방에겐 좋은 선택일 수 있지만, 단절을 당하는 상대에겐 씻을 수 없는 상흔을 남긴다. 결국 최선은 풀고 가는 것이다. 갈등을 없던 일로 치부하거나 갈등 이전의 상태로 돌리는 것이 아니라 한 단계 더 깊고 성숙한 관계로 발전시키는 것이다. 이를 위해선 반드시 필요한 게 있다. 바로 용기다.

● ○

무엇보다, 자신의 불완전함을 인정하는 용기가 필요하다. 상대를 응징하는 호기豪氣가 아니라 자신의 약점과 부족함을 드러내는 용기 말이다. 스스로 부족함을 드러내는 말은 꽁꽁 닫혀 있는 상대의 마음 문을 연다. 또한 말한 사람의 마음도 평화롭게 한다. 상대에게 지지 않으려는 부담감에서 벗어나게 한다. 그런 편안함이 관계를 편안하게 한다.

하지만 부족함을 드러내기가 쉽지 않다. 왜 그럴까? 무엇이 부족한지 잘 모르기 때문이다. 아니, 알고 싶어 하지 않기 때문이다. 자신의 부족함을 마주할 용기가 없어서다. 그래서 외면한다. 다른 사람이 그걸 지적하거나 건드리면 도리어 화를 낸다. 그런 사람일수록 '내가 그 정도는 아니다'라고 스스로 위안 삼거나 잘못된 관계의 책임을 상대에게 돌린다. 부족한 걸 알고 있어도 사람에 대한 믿음이 부족하면 말하지 못한다. 그로 인해 누군가에게 뒤통수를 맞거나 동정의 대상이 될 수 있다는 노파심 때문이다.

관계를 풀기 위해서는 갈등을 감수하는 용기도 필요하다. 진정한 관계는 갈등을 피해 가는 것이 아니라 갈등을 통과해 가는 것이다. 완벽한 관계란 상처가 없는 관계가 아니라 상처를 딛고 일어선 관계다. 좋은 게 좋은 것이라며 싫은 소리 않고 갈등을 외면하면 관계가 나아지지 않는다. 물속에 불순물이 있으면 휘저어서 눈에 띄게 하고 정화하는 과정이 필요한데, 휘젓는 것 자체를 기피하면 관계는 더 곪아 들어간다. 덮어놓는다고 고름이 살이 되는 게 아니다. 오히려 갈등을 수면위로 드러내고 이에 대해 갑론을박하면, 비 온 뒤에 땅이 굳어지듯 이전보다 더 돈독해지고 신뢰가 굳건해질 수 있다.

그런가 하면 약한 사람 편에 서고자 하는 용기도 있어야 한다. 관계를 맺다 보면 나보다 강한 사람이 있고 약한 사람도 있다. 강한 사람과는 보다 좋은 관계를 맺고 싶고, 약한 사람과는 가까운 관계가 그리 달갑지 않다. 얻을 게 별로 없기 때문이다. 바로 이게 문제다. 세상에는 나보다 강한 사람보다는 약한 사람이 많다. 관계라는 관점에서 보면 그렇다. 어차피 나보다 강한 사람과는 관계 맺을 확률이 낮다. 내가 원한다고 되는 것도 아니다. 강한 사람은 그 사람대로 약자와 관계 맺는 걸 달가워하지 않을 것이므로 그렇다. 그렇다면 우리는 자신보다 약한 사람과 관계를 넓혀나갈 수밖에 없다. 그것이 또한 정의로운 일이기도 하다. 억강부약抑強扶弱, 즉 강한 사람을 억누르고 약한 자를 도와주는 정신에 부합하기 때문이다.

다음은 미움받을 용기다. 여럿이 있으면 그중 한두 명은 따돌림을 당하기도 한다. 그런 사람은 늘 뒷담화의 대상이 된다. 그럴 때 그 사람을 변호할 용기가 있는가? 남들이 모두 욕할 때 "그런 사람 아니야"라고 말할 용기가 있는가? 그런 용기를 갖기 위해서는 모든 사람에게 사랑받고 싶은 욕심, 모든 관계에서 성공하고 싶은 욕구를 절제해야 한다. 때로는 욕먹을 각오도 해야 한다. 비단 관계에만 적용되는 얘기가 아니다. 자신이 옳다고 생각하는 일에 다수가 반대했을 때, 그들에게 미움받는 위험을 감수하면서 소신껏 추진할 수 있는가? 모두가 쉬쉬하는 거북한 문제에 관해 용기 있게 발언할 수 있는가? 이런 용기는 당장 많은 사람을 잃을 수 있다. 심지어 그들을 적으로 만들 수도 있다. 하지만 종국에는 더 단단하고 두터운 관계를 만들어줄 것이다.

하지만 뭐니 뭐니 해도 가장 큰 용기는 용서다. 용서가 관계를 완성한다. 용서는 약함의 표시가 아니라 강함의 증거다. 용서할 수 있는 사람만이 진정으로 사랑할 수 있고, 용서받은 경험이 있는 사람만이 타인을 깊이 이해할 수 있다.

흔히 용서는 '상대의 잘못을 덮어주거나 없었던 일로 하는 것'이라고 생각한다. 그러나 조금 더 깊이 들여다보면, 나를 위한 선택임을 알 수 있다. 남에게 시혜를 베푸는 일이 아니라 자신을 구원하는 일인 것이다.

미국의 심리학자 에버렛 워딩턴Everett Worthington은 용서를 '상대의 잘못을 계속 붙잡고 있던 내 마음을 내려놓는 행위'라고 정의했다. 즉, 용서는 상대를 위한 것이 아니라 나를 위한 것이라는 얘기다. 워딩턴은 1955년 어머니가 강도에게 목숨을 잃은 후, 그 살인자를 용서하는 문제를 두고 오랜 시간 씨름했다. 결국 상처를 오래 붙잡고 있을수록 고통을 키우는 건 상대가 아니라 바로 자기 자신이란 사실을 깨달았다.

미움과 원망을 품고 있는 한 나는 자유롭지 못하다. 용서를 결심하는 순간, 억눌린 감정에서 벗어날 수 있다. 용서란 결국 미움과 원망과 서운한 감정의 굴레에서 나 자신을 해방하는 일이다. 상처를 붙잡고 있으면 내 삶은 늘 과거에 머물지만, 용서하는 순간 현재와 미래로 나아갈 수 있다. 인간관계를 완성하는 요소는 화려한 만남이나 잦은 교류가 아니다. 결국은 상처를 넘어서는 용서의 힘에 달려 있다.

용서를 거친 관계는 이전보다 훨씬 견고해진다. 서로의 약점을 알되 그것을 무기로 사용하지 않는 성숙함을 갖게 된다. 완벽하지 않은 모습도 받아들일 수 있는 여유가 생긴다. 이런 관계에서는 더 이상 가면을 쓸 필요가 없다. 진정한 자신을 드러내도 안전하다는 확신이 있기 때문이다.

그러나 용서는 결코 쉬운 일이 아니다. 진정한 용서는 지난한 과정을 필요로 한다. 가장 먼저 할 일은 상처를 인정하는 것이다. "괜찮다"라는 말로 덮는다고 미움과 갈등이 사라지진 않는다. 그다음은 분노와 서운함을 표현하는 단계다. 감정을 꺼내야만 이해가 시작된다. 마지막은 내려놓기다. 여전히 아프지만, 그 감정에 더 이상 끌려가지 않겠다는 결단이다.

이 과정에서 빠져서는 안 되는 것이 사과와 반성이다. 잘못한 사람이 진심으로 반성하고 사과해야 한다. 그 토대 위에서 용서와 화해가 가능하다. 그리하여 용서가 용서를 낳는 선순환이 이뤄져야 한다. 그런 점에서 용서는 차가운 이성의 결단이 아니다. 뜨거운 심장이 내는 용기다.

우리는 용서하는 용기를 김대중 전 대통령에게서 봤다. 김 대통령은 자신을 죽이려고 했던 박정희와 전두환을 용서했다. 그리고 이렇게 말했다.

"박정희 시대에 맺었던 원한을 딸이 와서 풀었다. 내 속의 응어리가 풀렸다. 내가 구원을 받은 것 같다. 용서는 따지고 보면 남을 위한 것이 아니라 자기를 위한 것이다. 우리는 용서함으로써 인격적으로 의로워지고 정신적으로 건강해진다. 용서하지 않고 남을 저주한다는 것은 자기를 괴롭히고 편협하게 만들 뿐이다."

오늘도 누군가와의 관계에서 상처받고 고민하는 사람들이 있을 것이다. 그럴 때 이것만은 기억하자. 관계를 정리하기는 쉽지만, 관계를 완성하는 데는 용기가 필요하다는 것을. 그리고 그 용기의 이름이 용서라는 것을. 거기에 우리의 희망이 있다는 사실을.

가장 큰 용기는 용서다.
용서가 관계를 완성한다.
용서는 약함의 표시가 아니라 강함의 증거다.

6장

회복

관계를 지키는
마음 근력

그 한 사람이 있는가?

돌아보면, 내 인생에 고비가 찾아올 때마다 꼭 한 사람이 등장하곤 했다. 1980년 5·18민주화운동 때 친구들과 어깨동무를 하고 '독재 타도'를 외치던 나를 서울로 도피시켜준 정양 선생님, 대학 시절 내내 방황하는 내 곁에서 벗이 돼준 고교 동창 오현주, 내가 김대중 정부에서 노무현 정부로 넘어올 수 있도록 다리가 돼준 서갑원 전 의원과 윤태영 선배, 청와대를 나와 놀고 있을 때 자신의 회사로 불러준 강용구 대표 등등. 어림잡아도 10여 명이 떠오른다. 이 가운데 어느 한 사람만 없었어도 오늘의 나는 없다.

● ○

사람들은 누구나 내게 행운과 불운을 함께 선사했다. 행운만을 안겨준 사람도, 불운만 겪게 한 사람도 없다. 늘 행운과 불운, 두 얼굴로 내 앞에 나타났다.

17년간의 회사 생활 가운데 가장 찬란했던 시기를 꼽으라면 김우중 회장을 모시던 기간이다. 선망해왔던 분을 가까이서 모시고 배울 기회라니. 그것도 과장 초임 시절 젊디젊은 나이에 말이다. 하지만 문제가 있었다. 그때 나는 그분의 연설문을 쓸 만큼 충분히 준비돼 있지 않았다. 한마디로 실력이 부족했다. 그 부족분을 메워주는 사람이 있었으니, 나의 부서장이었다.

그는 나보다 고작 두 살 위였지만 실력은 천 길 차이였다. 내가 쓰는 모든 글은 그 앞에서 쓰레기였다. 나에게 이것 추가하고 저것 고치라며 지시하고 주문하다가 성에 차지 않았는지 결국은 자기가 쓰는 게 다반사였다. 그가 쓴 글을 보면 언제나 맞았고, 완벽했다. 나는 하루하루 자신감을 잃어갔다. 오늘은 또 무슨 일을 해야 하나 불안했고, 잘 해낼 수 있을지 두려웠다. 급기야 우울증 뒤로 숨어들어 사표를 냈다.

아내에게 저간의 사정을 말할 수 없었다. 그저 사업을 하겠다고 둘러댔다. 회사 일도 감당하지 못해 도망 나온 처지에 사업이라니. 걸음마도 못 하는 아이가 뛰겠다는 격이었다. 몇 달 고민했지만 도저히 길이 보이지 않았고, 서른 중반에 삶이 통째로 거꾸러질지 모른다는 위기감이 들었다. 회사 안이 전쟁터라면 밖은 지옥이라더니 정말 그랬다. 그렇게 초조한 시간을 보내던 어느 날, 나를 안타깝게 지켜보던 그 부서장이 다시 돌아오라고 제안했고, 나는 못 이기는 척 복귀했다. 하지만 복귀 후 얼마 지나지 않아 회장 비서실이 문을 닫았다.

다시 위기의 시간이 왔고, 거기서 나를 건져준 사람도 바로 그 부서장이다. 자기에게 들어온 청와대에서 근무할 기회를 나에게 넘겨준 것이다. 그는 청와대에 들어와 김대중 대통령 경제 부문 연설문을 써달라는 제안을 받고, 자기는 힘들지만 쓸 만한 사람이 있다며 나를 추천했다. 당시 그는 회사가 문을 닫자 독립해서 출판사를 차린 상태였다. 결과적으로 그는 나를 수렁에서 두 번이나 건져줬을 뿐 아니라 내 인생 지도를 바꿔놓았다.

● ○

2023년 말까지 KBS1 라디오 〈강원국의 지금 이 사람〉을 진행했다. 그때 만난 사람들에게도 자신의 운명을 바꾼 한 사람이 곁에 있었다.

세계적인 교육공학자인 스탠퍼드대학교 부학장 폴 김 교수도 '그 한 사람'을 만나 인생이 바뀐 사례다. 그는 고등학교에 다닐 때까지 하위 1%를 벗어나지 못했다. 반원 60명 가운데 58등을 도맡았다. 59등과 60등은 운동하는 친구들이었으니 꼴찌나 다름없었다. 우리나라에선 더 이상 희망이 없다고 판단한 그는 고등학교 졸업 후 부모님을 졸라 미국행 비행기표를 끊었다. 그렇게 미국에서 인생을 새롭게 시작하고 싶었지만, 서툰 영어 탓에 유학 생활도 쉽지는 않았다.

하지만 첫 학기 첫 수강 과목에서 좋은 점수를 받으며 그의 인생은 달라지기 시작했다. 클래식 음악에 관한 에세이를 써 오라는 과제를 제대로 제출하지 못한 폴 김에게 담당 교수는 "이 수업은 너의 영어 실력이 아닌 감수성을 평가하는 과목"이라며 영어가 어려우면 한글로 감상문을 써 오라고 했다. 폴 김이 제출한 한글 에세이를 놓고 한영사전과 씨름하며 내용을 파악한 교수는 '곡 분석력이 뛰어나다'며 그에게 최고점을 줬다. 폴 김은 말할 수 없는 희열을 경험했다. 태어나서 처음으로 인정받은 순간이었다. 이런 성취감은 그가 교육에서 일방적인 티칭(가르침)이 아닌 코칭(조언이나 지도)의 힘이 얼마나 중요한지 깨닫는 계기가 됐다.

● ○

'풀꽃 시인' 나태주 선생도 예외가 아니다. 스물네 살, 초등학교 선생님이었던 그는 같은 학교 선생님을 짝사랑했다. 사랑하는 감정이 마구 부풀어 올라 심장이 터질 것 같아 구애를 했지만 단칼에 거절당했다. 실연의 상처가 너무 깊었다. 상심의 나날을 보내며 그 마음을 시로 옮겼다. 그렇게 쓴 시가 1971년 신춘문예에 당선된 「대숲 아래서」다. 그 내용은 이렇다.

어제는 보고 싶다 편지 쓰고
어젯밤 꿈엔 너를 만나 쓰러져 울었다
자고 나니 눈두덩엔 메마른 눈물자죽,
문을 여니 산골엔 실비단 안개

이후 그는 한 여자로부터 버림받은 순간 시인이 됐다고 술회했다.

43년 3개월간 교단에 서면서도 그랬다. 말을 듣지 않는 어린 제자들이 미워서 어떻게든 예쁘게 보려고 쓴 시가 그 유명한 「풀꽃」이다.

자세히 보아야 예쁘다
오래 보아야 사랑스럽다
너도 그렇다

「풀꽃 3」도 마찬가지다. 일찍이 며느리를 잃고 엄마 없이 살아갈 손주들이 가여워서 쓴 시다.

기죽지 말고 살아봐
꽃 피워봐
참 좋아

시인은 살기 위해서, 살아가기 위해서 시를 썼다고 하지만 시를 쓰게 하고, 그를 시인으로 만든 건 결국 사람이었다.

부서장 추천으로 청와대에 들어가 8년을 지내고 나온 나는 작가의 길을 걷고 있다. 그와 한솥밥을 먹다 헤어진 지 25년 가까운 시간이 흘렀다. 그분은 그새 열정적으로 출판 일을 해왔고 일가를 이루었다. 그리고 2024년 1월 나는 그의 출판사에서 『강원국의 인생 공부』란 책을 냈다. 이제는 출판사 대표와 저자라는 관계로 다시 만난 것이다.

우리는 늘 누군가를 만난다. 오늘 만나는 그 사람이 당신의 인생을 바꿀 수 있다. 당신에겐 그 한 사람이 있는가? 그는 누구인가?

우리는 늘 누군가를 만난다.
오늘 만나는 그 사람이 당신의 인생을 바꿀 수 있다.
당신에겐 그 한 사람이 있는가?
그는 누구인가?

상처를 내버려두지 말 것

우리는 관계의 홍수 속에서 살아간다. 직접적인 만남을 넘어 인터넷 커뮤니티나 SNS 등 간접적인 경로를 통해 관계가 복잡다단해졌다. 관계가 다면화하면서 이로 인한 갈등도 커졌다. 많은 직장인이 직장생활에서 겪는 첫 번째 어려움으로 인간관계를 꼽는 것만 봐도 알 수 있다. 인간관계 고민 중 으뜸은 역시 다른 사람에게 상처받는 일일 것이다. 상처받았을 때 어떻게 극복하느냐가 문제다.

나 역시 살면서 많은 상처를 입었고, 그 상처 위에 새살이 돋았다. 직장 동료가 쓴 글을 보여주며 "너도 눈이 있으면 봐

라. 재는 이렇게 쓰는데 너는 왜 그 모양이야?"라고 말하던 상사가 있었고, 친구를 믿고 비밀을 털어놨는데 어느덧 여러 사람이 그 사실을 알고 있어 배신감을 느낀 적도 있었다. 내가 책을 냈을 때 "나도 그런 책을 준비 중이었는데 당신 때문에 내지 못하게 됐어"라며 원망하는 사람도 있었고, 청와대에서 일할 때는 "강원국 씨, 뭔가 착각하고 있는 것 같네요? 당신은 여기 주인이 아니에요. 이곳에 오래 있다 보니 본분을 망각한 것 같아요. 정신 차리세요"라고 충고하던 사람도 있었다.

● ○

누구도 이런 상처를 피해 갈 수 없다. 하지만 받은 상처를 아물게 할 수는 있다. 상처를 받았을 때 스스로 치유하는 나만의 방식이 있다. 먼저, 우리 삶은 상처투성이라는 사실을 인정하고 받아들인다. 내가 받는 상처는 나만의 문제가 아니다. 누구나 겪는 일이다. 억울해하거나 자책할 일이 아니다. 나아가 상처는 굳은살이 된다. 부러졌던 뼈가 아물면 더 튼튼해지는 법이다. 상처는 나를 더 단단하게 만든다고 믿는다.

마음의 상처를 받았을 때 외면하거나 부정하거나 억누르

지 않는다. 상처받았다는 걸 인지하고 대응한다. 나의 대처 방식은 감정을 글로 써보는 것이다. 원망이건 배신감이건 모욕감이건, 느낀 그대로 낱낱이 써본다. 초등학교 2학년 때 친구 생일 파티에 초대받았다. 당시만 해도 생일 선물이란 걸 알지 못했고, 알았던들 준비할 형편도 아니었다. 빈손으로 간 나를 보고 생일을 맞은 친구 어머니가 "너는 어째 선물도 없이 왔니?" 하며 친구들 앞에서 면박을 줬다. 그때 당한 모욕은 아무리 어린 나이였어도 받아들이기 힘들었다. 중학교 1학년 국어 과목 글쓰기 숙제에 그때 일을 썼고, 선생님께서 수업 시간에 내 글을 읽어주셨다. 나는 그때 비로소 그 일에서 느낀 수치와 모멸감에서 벗어날 수 있었다.

내가 받은 상처를 기술하는 방법은 이렇다. 첫째, 상처받은 상황을 구체적으로 묘사해본다. 둘째, 느낀 감정을 허심탄회하게 서술한다. 셋째, 왜 그런 감정을 느꼈는지 이유와 원인을 찾아본다. 넷째, 상처를 준 사람의 입장에서 생각해본다. 다섯째, 객관적인 제3자의 관점으로 평가한다. 여섯째, 그보다 더한 최악의 상황을 상정해본다. 그렇게 쓰고 나면 그나마 다행이란 생각이 들곤 한다. 이처럼 머릿속 화를 글로 바꾸면 내 감정이 객관화되고 순화된다.

김대중 전 대통령도 힘든 일이 있을 때마다 종이를 반으로 접었다. 한쪽에는 지금 나를 괴롭히는 힘든 일이나 후회하고 걱정되는 일, 다른 한쪽에는 그럼에도 감사하고 기뻐할 일을 적었다. 그렇게 쓰고 나면 마음의 평안을 얻었다. 감사할 일 뿐이었다.

때로는 받아치기도 한다. 상대가 상처를 줄 때 같은 방법으로 갚아주는 것이다. 이때는 이로 인해 닥칠 위험과 고난을 감수하겠다는 각오가 필요하다. 나같이 심약한 사람은 쓰기 어려운 방법이다. 하지만 아내에게 많이 배웠다. 아내는 사람들과 갈등이 생길 때마다 정면 승부를 건다. 누가 자신을 건들면 가만 놔두지 않는다. 자신이 먼저 문제를 만들진 않지만, 누군가가 도발하면 반드시 응징한다. 상호주의 원칙을 철저히 지킨다. 그래서인지 인간관계에서 오는 스트레스가 거의 없는 편이다.

무시하는 것도 방법이다. 상대가 자극하려 할 때 무반응으로 대응하거나 상대가 원하는 방식으로 대응하지 않으면 된다. 그러면 상대는 내게 영향을 끼칠 수 없다. 미국 영화배우 모건 프리먼Morgan Freeman의 유명한 일화가 있다. 프리먼은 어느 독일 일간지와의 인터뷰에서 기자가 "내가 당신에게 '검둥이'라고 하면 어떻게 되죠?"라고 묻자 "아무런 일도요. 당신이 나를 그렇게 부른다면 잘못된 단어를 사용한 당신의 문제지 내 문제가 아니니까"라고 가볍게 응수했다. '검둥이'라는 말로 자극한 기자에게 어떤 식의 분노도 표출하지 않았고, 상처도 받지 않았다. 그저 막말한 기자만 우스워졌을 뿐.

누군가가 내게 상처를 줬을 때 그 상처를 부여잡고 놓아주지 않으면 온전히 내 몫으로 남아 나를 괴롭힐 것이다. 그러나 내가 상처받지 않는다면, 상대를 지그시 내려다보며 "그건 당신 생각일 뿐"이라고 말할 수 있다면 그 상처는 고스란히 상대에게 돌아간다. 프랑스의 대문호 빅토르 위고는 이렇게 말했다.

> "모든 칼에는 양날이 있다. 한쪽 칼날로 남을 상하게 하는 자는 다른 쪽 칼날로 자신에게 상처를 입힌다."

● ○

용서도 상처를 치유하는 길이다. 상대가 아니라 나를 위해 너그럽게 감싸안는다. '네게도 그럴 만한 사정이 있겠지', '의도하지 않은 실수였을지도 몰라', '내가 너를 오해했을 수도 있어' 하면서 말이다. 감정이란 파도는 막을 수 없지만, 어느 파도에 몸을 맡길지는 전적으로 내가 고를 수 있다.

다른 사람의 도움을 받을 수도 있다. 나를 지지하고 응원하는 사람을 만나 하소연할 수도 있고, 믿을 만한 사람의 조언을 받거나 전문의와 상담할 수도 있을 것이다. 그런 과정에서 상처 준 사람이 이해되거나 자신의 잘못을 깨닫게 되기도 한다.

상대방과 대화를 시도해볼 수도 있을 것이다. "네가 나에게 이런 말을 해서 상처받았어"라고 터놓고 말한다. 하지만 이런 시도는 시시비비를 가리기 위한 게 아니라 이미 나는 너를 용서했음을 선언하기 위한 것이어야 한다. 이런 용서는 내가 감정의 굴레에서 벗어나게 한다.

그런가 하면 견뎌내는 수밖에 없는 경우도 있다. 되받아치거나 무시하기도, 용서하기도 어렵다면 그저 견뎌내야 한다. 시간은 상처를 낫게 하는 최고의 처방전이다. 시간이 지나면 기억은 희미해지고 상처는 아문다. 결코 예외가 없다. '이 또한 지나가지 않는' 일은 내게 없었다.

견디기 힘들 때는 현실에 충실해보자. 미국의 작가 메리앤 윌리엄슨Marianne Williamson은 "과거에 머물러서는 과거에 받은 상처를 치유할 수 없다. 현재를 충만하게 살아야 비로소 과거를 치유할 수 있다"라고 말했다. 내 영혼이 상처에 잠식당할 틈을 주지 않는 것이다. 언젠가 내가 어떤 일을 하다가 누군가에게 큰 상처를 받았다. 하지만 나는 포기하지 않았다. 그 일이 잘못됐다며 하지 말라는 그 사람에게 보란 듯이 더 집중했고, 좋은 결과를 만들었다. 그러면 됐다.

거리를 두는 것도 방법이다. 상대가 변화할 가망이 없고 내게 반복적으로 상처를 준다면 그와 감정적인 거리 두기를 해야 한다. 철저히 무덤덤하게 지내는 것이다. 이마저도 힘들다면 그와의 관계를 정리하고 '손절'해야 한다. 내게 해로운 사람과의 관계를 계속 이어나가야 할 이유나 의무가 내겐 없다.

사람들과 어울려 살아가는 한 상처받는 일은 앞으로도 계속될 것이다. 하지만 상처가 나를 망치도록 내버려두진 말자. 상처 주는 사람과 상처 난 마음을 안고 살아가기엔 인생이 너무 짧다.

아흔다섯 아버지가 예순의 아들에게

삼 형제가 아버지를 모시고 귀향길에 올랐다. 아버지 고향은 전북 고창이다. 나와 형, 동생은 전주에서 태어났다. 고창에서 고등학교를 나온 아버지가 전주에 있는 대학으로 유학(?)하고 그곳에서 직장을 잡으면서 우리는 전주 출신이 됐다.

빅토르 위고가 말했다.

"고향이 아름답다고 말하는 사람은 아직 미숙하다. 모든 곳을 고향으로 삼는 사람은 강하다. 하지만 이 또한 완전하지 않다. 전 세계를 타향이라고 생각하는 사람이야말로 완벽한 인간이다."

누구에게나 고향은 아름답다. 언제나 그리움의 대상이다. 그러나 위고는 그런 감상주의를 경계했다. 편협함에 빠져선 안 된다고 경고한다. 고향을 그리워하면서 과거에만 머물며 살지 말라고 당부한다.

그보다는 보편적 세계시민을 추구한다. 사는 데가 어디든 그곳에 굳건히 뿌리내리는 강인함을 갖자고 설파한다. 나아가 전 세계를 타향으로 여기는 이방인이 될 것을 주문한다. 언젠가는 본향으로 돌아가야 할, 어차피 영원히 살지 못할 우리에게 이 세상은 타향일 수밖에 없다는 사실을 거듭 강조한다.

위고는 어린 시절부터 군 장성인 아버지를 따라 프랑스는 물론 이탈리아와 스페인의 여러 도시를 전전했다. 나폴레옹이 쿠데타로 제정을 선포하자, 이에 반발해 벨기에로 망명한다. 그곳에서도 프랑스 정부를 극렬하게 비판하다가 영국령 작은 섬으로 추방된다. 이 섬에서 16년 만에 『레미제라블』을 탈고한다.

● ○

고향을 떠나 갓 상경한 나는 남산자락의 해방촌 판잣집에서 하숙하며 객지 생활을 시작했다. 그곳은 아침마다 공중변소 앞에 줄을 서고, 방 안에 앉아 있으면 골목길 행인들의 발소리까지 들릴 정도로 생활환경이 열악했다.

이곳에서 내려다본 서울은 두려움 자체였다. 학창 시절 신학기가 돼 반이 새롭게 편성될 때 낯선 친구들을 보며 '언제쯤이나 이 친구들의 이름을 알고 친해질 수 있을까' 하는 감정과 비슷한 막막함을 느꼈다. 난데없는 타향에서 어떻게 사람들을 사귀고 그 사람들과 더불어 살아갈 수 있을까. 나는 이곳에 뿌리내리며 살 수 있을까. 막연한 의구심이 꼬리에 꼬리를 물었다. 그리고 40여 년이 훌쩍 지났다. 여전히 서울은 정들지 않는 타향이고 나는 이방인으로 머물고 있지만, 이제는 제법 어엿한 서울 사람 행세를 하고 있다.

나는 어린 시절부터 관계를 중시했다. 좋은 관계는 모든 어려움을 해소해주는 '만병통치약'이자, 내게 필요한 것을 아낌없이 내주는 '요술램프'였다. 세상 모든 일은 이해관계가 얽혀 있고, 모든 관계는 상대적이다. 내가 이기면 지는 사람이 있고, 내가 이익을 보면 손해 보는 이가 있다. 내가 우월한 지위에 오르면 선망하는 사람도 있지만, 시기하고 질투하는 이도 있게 마련이다.

이기고, 이익 보고, 남보다 잘나가는 것이 관계에는 독이 된다. 사양하고 양보하고 겸손한 것이 당장은 손해처럼 보이지만, 이렇게 처신하는 게 관계를 좋게 만들뿐더러 결과적으로 내게 이익이 된다. 나는 이런 사실을 아버지께 배웠다. 아버지는 평생 뒷전에 있는 걸 좋아하셨다. 고등학교 교사로 정년 퇴임을 한 아버지는 교장이나 교감이 될 생각을 해본 적이 없다. 심지어 담임을 맡는 것조차 저어했다. 재물에는 관심조차 없었고, 그저 주어진 자리에서 주어지는 대로 불만 없이 살아오셨다.

올해 아버지의 연세는 아흔다섯이다. 형네와 우리 집 가까운 데 살고 계시는 아버지가 어느 날 문득 마지막으로 고향에 한번 다녀오고 싶다고 하셨다. 그렇게 떠난 네 부자의 이틀에 걸친 귀향길, 아버지는 흐뭇해하셨다. 오가는 차 안에서 불현듯 생각 나셨는지 사람과 사람 사이에 관해 아들들에게 당부하셨다. 이런 얘기를 언제 또 들을 수 있을까. 귀담아들은 이야기가 헤아려보니 아홉 가지다.

● ○

하나, 주는 만큼 받기를 기대하지 마라. 먼저 주고, 잊어라.

그러면 돌려받지 못해도 서운하지 않다. 많이 주고 덜 받는 게 신간 편하다. 그렇게 살아도 절대 손해만 보진 않는다. 사람은 받은 만큼 돌려주게 돼 있다. 이를 배반하는 사람은 많지 않다. 열에 아홉이 배반하더라도, 배반하지 않는 한 사람에게서 준 것 이상을 얻을 수 있다.

둘, 약속을 지켜라. 특히 시간과 다짐의 약속을 잘 지켜라. 가까운 관계일수록 더 잘 지켜야 한다. 약속의 남발을 경계하고 못 지킬 약속은 애당초 하지를 마라. 이것이 좋은 관계를 유지하고 믿을 수 있는 사람이 되는 출발점이다.

셋, 남 이야기를 삼가라. 남 탓하지 말고 남 뒷담화하지 마라. 그 말이 당사자 귀에 들어가도 상관없다면 해도 되지만, 상대가 없는 데서는 말하지 마라. 아무리 좋은 얘기여도 말이다.

넷, 남에게 친절해라. 이것만큼 힘들이지 않고 많은 걸 얻을 수 있는 일도 없다. 어떤 핑계도 대지 말고 상냥하고 부드럽게 대해라. 너그럽게 받아들여라. 인간관계에서 다정함만큼 강력한 무기는 없다. 단, 감당할 수 있는 범위 안에서 베풀어라. 지나친 친절은 상대가 부담을 느끼고 자신에게도 짐이 된다.

다섯, 타인의 기쁨에 동승해라. 남의 슬픔을 위로하기는 쉽다. 남의 어려움에 함께 안타까워하는 건 어렵지 않다. 진정

어려운 것은 타인의 기쁨에 진심으로 기뻐하는 것이다. 이를 위해서는 경쟁심, 승부욕, 시샘을 내려놓아야 한다.

여섯, 도저히 함께하기 어려운 관계는 단호하게 끝내라. 그 사람에게 더는 미련도 갖지 마라. 헤어질 당시에는 집착과 아쉬움이 크지만, 지나고 나면 왜 그랬지 싶을 정도로 자신의 인생에 별 의미가 없는 경우가 대부분이다. 모든 관계를 붙들기엔 우리에게 주어진 시간이 많지 않다. 흘려보낼 사람은 떠나보내야 한다.

일곱, 강자에게 강하고 약자에게 약해져라. 다만 아비로서 강자에게 강해지란 말은 차마 못 하겠다. 불이익과 위험을 감수해야 하는 일이기 때문이다. 그러니 약자에게만이라도 약해져라. 약자에게 강한 건 비열한 짓이다. 살면서 비겁하고 비굴해질지언정, 비열해지진 마라.

여덟, 용서해라. 죽을 때가 가까워져 오면 알게 된다. 용서하지 못할 일은 없다. 남을 용서하고, 자신을 용서하고, 남에게 용서를 구해라. 누구를 위해서가 아니라 자신을 위해 그렇게 해라. 참된 평화와 안식에 이르는 길은 용서뿐이다.

아홉, 결국 태도가 좋은 사람이 돼라. 공부 잘하고 돈 잘 벌고 유명한 사람이 되는 것보다는 태도가 좋은 사람이 돼야 한다. 삶을 대하는 마음가짐과 사람을 대하는 자세가 좋아야 스스로 행복할 수 있다. 모든 건 태도에 달려 있다.

삼 형제를 앞세우고 고향을 찾았던 아버지께서는 이틀 내내 많은 말씀을 쏟아내셨지만, 어느 한마디 허투루 들리지 않았다. 아버지께서 실제로 그렇게 사셨고, 언제 또 이런 얘기를 들을 수 있을까 생각하니 토씨 하나 놓치고 싶지 않았다.

아버지는 고창에서 전주로, 전주에서 서울로 거처를 옮기면서도 사람들과의 관계에서는 늘 일관된 입장을 지켰다. 아마도 그렇게 한결같이 지켜온 아버지의 인간관계 원칙이 힘든 타향 생활을 이겨내고 그곳에 뿌리내리는 원동력이 됐으리라.

가면을 내려놓으면 일어나는 일들

몇 해 전 뉴욕 브로드웨이에서 〈오페라의 유령〉을 관람했는데, 특히 가면무도회 장면이 인상적이었다. 샹들리에 불빛 아래 각양각색의 가면을 쓴 사람들이 음악에 맞춰 춤을 춘다. 화려한 가면으로 이름도, 직업도, 신분도 숨긴 사람들은 자신의 진짜 모습을 내려놓고 마치 다른 사람이 된 듯 자유롭게 행동한다.

직장생활을 할 때 나는 매일 아침 가면을 쓰고 출근했다. '일하고 싶어 하는 사람', '일 잘하고 유능한 사람', '예의 바르고 다정한 사람'이란 가면이다. 상사가 돼서는 '조직에 충성하고 아래 직원을 사랑하는 사람'이란 탈을 썼다. 그래야 그 자리를 지킬 수 있다고 생각했다.

내가 모시고 있던 회장에게 어느 사장을 칭찬했다. 그 사장이 인기도 많고 직원들이 잘 따른다고 이야기했는데, 뜻밖에 회장은 "그 사장, 문제가 많구먼"이라고 했다.

> "어떻게 인기가 있을 수 있나? 상사의 배역은 악역이야. 끊임없이 의심하고 질책하고 채근하는 자리라고. 그런데 직원들이 잘 따른다고? 그건 자기 임무를 다하지 않았다는 거야. 직무 유기라고."

사장을 치켜세워 주려던 내 의도와 달리 그를 궁지에 몰아넣는 결과를 낳고 말았다. 만약 회장 말대로 상사가 그런 역할을 하는 자리라면, 그는 인기가 있을 수 없다. 자기를 의심하고 질책하고 채근하는 사람을 좋아할 아래 직원은 없을 것이기 때문이다. 그렇다면 그는 마땅히 써야 할 '사장'이란 가면을 벗고 산 것이다. 회장이 역정 낼 만했다.

● ○

직장에서 모진 상사도 만났다. 내가 하는 일에 사사건건 시비를 걸었다. 정이라고는 눈곱만큼도 찾아볼 수 없는 사람이었다. 어느 날 집들이를 한다고 해서 그 상사 집을 방문했는데, 그곳에서 만난 그는 전혀 다른 사람이었다. 직장에서 만난 그 상사는 온데간데없고 그렇게 자상할 수 없었다. 그야말로 자애롭기 그지없는 남편이자 아버지였다. 그때 알았다. 그는 직장생활에 충실하기 위해 출근 때마다 자신의 본모습 대신 상사라는 페르소나persona로 변신했다는 것을.

우리는 매일 가면을 쓰고 세상이라는 무도회에 참석한다. 직장에서, SNS에서, 심지어 가족 안에서도 가면을 쓴다. 사회에서 요구하는 역할에 맞추고, 타인의 기대와 시선을 의식하며 진짜 나를 숨긴다. 가면의 종류는 사람마다 다르다. 누구는 자신을 보호하기 위해 가면을 쓴다. 자기 약점이나 감정을 숨기고 싶어서, 혹은 갈등과 평가가 두려워서 가면으로 본모습을 가린다. 또 누군가는 자신에게 주어진 역할을 다하기 위해 사람들이 기대하고 요구하는 가면을 쓰기도 한다. 우리 사회가 있는 모습 그대로 보여주며 사는 걸 용납하지 않기 때문이다.

가면이 꼭 나쁜 것만은 아니다. 사회적으로 용인된 가면은 자신을 보호해주고, 주어진 환경에 적응하게 한다. 가면과 본모습의 간극을 줄여가는 과정에서 진정한 성장이 이뤄지기도 한다. 나는 결점을 숨기고 싶어 완벽을 가장한 가면을 쓰고 학교와 직장의 기대에 부응하기 위해 살아왔다. 나 이상의 나로 위장한 가면을 썼던 것이다. 그렇게 살다 보면 나와 가면 사이의 경계가 허물어져 내가 가면처럼 되고, 어느새 가면만큼 성장해 있는 자신을 발견하기도 한다.

상대가 가면 쓴 것을 알았다면, 그 사람과는 어떻게 지내야 할까? 가면을 썼다고 배척하거나, 무리하게 가면을 벗기려 해선 안 된다. 가면 뒤에 숨겨진 그 사람의 불안과 두려움을 헤아리고 보듬어주는 아량이 필요하다. 그 사람의 가면을 부정하고 벗기려고 하면 오히려 더 두꺼운 가면을 쓰고 방어적 태도를 취하게 된다. 자연히 관계도 더 멀어질 수 있다. 그보다는 '너도 힘들겠다'라는 마음으로, 나부터 솔직해지자는 생각으로 받아들이자. 그러면 상대도 나에 대한 경계를 풀고 서서히 가면을 벗을 것이다.

가면이 벗겨졌을 때는 어떻게 대처해야 할까? 이는 사람마다 다르다. 어떤 사람은 정체가 탄로 난 즉시 자취를 감춘다. 연락이 끊겨 전화를 걸어도, 메신저를 보내도 반응이 없다. 부끄러움을 아는 사람이다. 뻔뻔한 부류도 있다. 마치 무슨 일이 있었느냐는 듯, 아무 일도 일어나지 않은 것처럼 행세한다. 자기는 기억하지 못하니 당신도 못 본 체, 못 들은 척하라고 은연중에 강요한다. "너는 안 그러냐?", "뭐 그걸 가지고 쫀쫀하게 구냐"라며 적반하장으로 피해자 행세를 하는 사람도 있다.

그렇다면 가면은 언제 벗겨질까? 긴장을 늦추거나 방심하는 사이 민얼굴이 드러날 때가 있다. 술에 만취했을 때, 화가 머리끝까지 났을 때, 화투를 치거나 게임을 할 때, 누군가와 싸울 때도 본색이 드러난다. 이판사판 할 말 못 할 말 다 하게 된다. 어떤 사람은 사랑하던 사람과 헤어질 때 본모습을 드러낸다. 자신의 이익이 걸렸을 때, 큰 상실이나 실패 또는 절체절명의 위기 앞에 놓였을 때, 약자를 대할 때 본성을 드러내는 사람도 있다.

나는 안전하고 신뢰할 수 있는 관계에서만 가면을 벗는다. 아내와 함께 있는 시간이 그렇다. 나에 대한 아내의 평가와 판단은 이미 끝났다. 나는 더 이상 감출 게 없다. 아내도 마찬가지다. 내 앞에서 꾸미려 하지 않는다. 모두 부질없는 일이라는 걸 서로 잘 안다. 그래서 관계가 부담 없고 편안하다. 특히 아내나 나나 예순을 넘기면서 '진짜 나'로 살고 싶다는 의지가 강해졌다. 자신을 받아들이고 존중하게 되면서 가면을 쓰는 일이 자연스럽게 멀어졌다.

가면을 벗고 나면 심리적 안정을 얻을 수 있다. 감정 표현이 자유로워지고 사는 게 덜 불안하다. 자신감도 생긴다. 주변 사람과의 신뢰가 쌓이고 관계도 더 깊어진다. 미국의 심리 전문가 브레네 브라운Brene Brown은 『마음 가면』에서 "가면을 벗고 취약한 모습을 보여주는 것이야말로 진정한 연결의 시작"이라고 말한다.

다만 가면을 벗고자 할 때 주의할 게 있다. 한꺼번에 다 드러내기보다 단계적으로 노출해야 한다는 것이다. 너무 급하게 모든 것을 드러내면 상대방이 부담스러워하거나 자신이 상처받을 수 있다. 상대와 상황에 따라 잘 판단해야 한다. 완전히 신뢰하지 않는 사람이나 위험한 상황에서 가면을 벗는 것은 피해야 한다. 자기 보호도 중요하다. 가면은 때로 보호막 역할을 하므로, 가면을 벗고 진짜 나로 살고 싶은 욕구와 자기 보호 사이의 균형을 잘 맞춰야 한다.

● ○

가면을 벗는 일에는 용기가 필요하다. 처음엔 두렵고 불안하다. 낯설고 어색한 자신을 마주해야 한다. '가면을 벗으면 사람들이 나를 어떻게 생각할까?', '약한 모습을 보이면 거절당하지 않을까?' 하는 생각이 우리를 옥죄고 주저하게 한다. 하지만 솔직한 감정을 말하는 순간 진짜 관계가 시작된다. 진심이 진심을 불러와 관계가 더욱 단단해지고 오래간다.

사람은 완벽한 사람보다 조금 부족해도 솔직한 사람에게 마음이 끌린다. 센 척하지 않아도 되고, 서로의 약점을 드러내놓고 보듬어줄 수 있는 관계가 오래간다. 서툴러도 진심이면 통한다. 진짜 관계는 감정을 숨기지 않아도 괜찮고 실수해도 용납되는 관계를 말한다.

가면을 벗는 일은 나부터 시작해야 한다. 가면을 벗는다는 것은 내 안의 나와 화해하고 나를 온전히 받아들이는 행위다. 그것은 내면의 평화와 해방감을 선사하고, 진짜 나로 살아가게 한다. 이제는 가면을 잠시 내려놓고 가면무도회가 아닌 민얼굴로 세상이란 무대에 설 차례다. 진짜 자신과 마주할 시간이다.

관계를 살리는 작은 습관들

우리는 사랑이 운명적인 만남에서 시작되고 극적인 사건으로 끝난다고 생각한다. 하지만 실상은 그렇지 않다. 진짜 사랑은 지극히 평범한 순간들에 깃든다. 아침 출근길에 커피를 건네는 손길, 피곤한 저녁 "오늘 어땠어?"라는 따뜻한 관심에서 사랑이 자란다.

관계도 마찬가지다. 진정한 관계는 평범한 순간에 만들어진다. 눈에 띄지 않는 사소한 배려들이 진짜 관계를 만들고 지켜간다. 관계를 무너뜨리는 것 역시 작은 무관심이 반복적으로 일어나면서 시작된다. 무심히 던진 날 선 말 한마디, 상대 이야기에 집중하지 않는 시선, 지켜지지 않은 작은 약속들. 이런 것들이 쌓여 관계에 보이지 않는 균열을 만든다. 마치 작은 물방울이 바위틈에 스며들어 결국 바위를 쪼개버리는 것처럼 말이다.

물론 거창한 선물이나 특별한 이벤트가 관계에 활력을 더해주는 건 틀림없다. 하지만 매일 반복되는 작은 배려와 예의가 관계를 든든히 쌓는 진짜 기초가 된다. 그렇다면 관계를 살리는 사소한 습관들에는 어떤 것이 있을까?

● ○

무엇보다 상대에 대한 배려가 필요하다. 사람은 작은 배려에서 진심을 읽는다. 승강기 문을 잡고 기다려주는 손길, 무거운 짐을 들어주는 친절, 우산을 상대 쪽으로 기울여 받쳐주는 세심함, 바쁠 때 "뭐 필요한 거 없어? 내가 도울 일 있으면 언제든 말해"라며 보태는 손……. 이런 소소한 행동들이 상대방의 마음 문을 연다. 아침에 간신히 일어나 허겁지겁 씻고 나왔을 때 가지런히 개놓은 속옷과 양말을 보면 조금이라도 내 일손을 덜어주려는 아내의 마음이 느껴진다.

진심을 담은 말도 중요하다. 모든 관계는 일상에서 주고받는 진심이 담긴 말 한마디 한마디로 맺어지고 유지된다. 진심을 담은 말은 화려하거나 대단하지 않다. '괜찮아', '고마워', '미안해', '잘할게', '멋있다', '수고했어', '힘들지?', '너를 믿어'와 같이 평범하면서도 힘이 있는 말이다.

긍정심리학의 창시자인 미국의 마틴 셀리그먼Martin Seligman 교수 연구팀은 연구 참가자들에게 자신에게 큰 도움을 주었지만 제대로 감사를 표현하지 못했던 사람에게 진심이 담긴 감사 편지를 써서 직접 전달하게 했다. 이 단 한 번의 경험만으로도 감사 편지를 쓴 사람의 행복도가 크게 상승하는 효과가 나타났다. 이처럼 진심을 담은 말 한마디는 관계의 질과 개인의 행복 지수를 끌어올리는 중요한 도구다.

잘 듣는 것도 좋은 습관이다. 하지만 남의 말을 듣는 건 생각만큼 쉽지 않다. 우선 시간을 내야 하고, 상대에게 관심을 기울여야 한다. 경청은 단순히 상대의 말을 듣는 게 아니다. 존재 자체를 존중한다는 메시지를 전하는 행위다. 누군가가 내 이야기를 끝까지 듣고 눈을 마주치며 고개를 끄덕여줄 때, 우리는 '내가 의미 있는 사람이구나', '내 이야기가 가치 있구나'라고 확신한다. "그랬구나", "힘들었겠다"와 같은 소소한 반응만으로도 말하는 사람은 큰 위로를 받는다.

경청은 관계를 변화시키는 마법이다. 누군가가 내 이야기를 진심으로 들어준다고 느낄 때, 우리는 그를 깊이 신뢰하게 된다. 이런 존중은 상호적이어서 내가 존중하며 들어주면 상대도 나를 그렇게 대한다. 아내와 나는 침묵조차 견딜 수 있는 여유가 생겼다. 상대가 말을 멈췄을 때 성급하게 끼어들거나 조언하려 하지 않고 잠시 기다린다. 때로는 그 침묵 속에서 더 깊은 이야기가 나오고, 상대가 자신의 마음을 정리할 시간을 갖는다.

●○

약속 시간을 지키는 것은 기본 중의 기본이다. 우리는 종종 친한 사이니까, 가족이니까, 많이 늦지 않았으니까 상대방이 이해해줄 거라고 생각한다. 하지만 이런 실수들이 모여 관계에 보이지 않는 균열을 만든다.

시간은 모든 사람에게 똑같이 주어진 유일한 자원이다. 그리고 누군가와 약속한 시간은 그 사람이 나를 위해 특별히 비워둔 소중한 시간이다. 주변에 한 명씩은 꼭 있는, 늘 늦는 사람을 떠올려보자. 그 사람과 만나기로 약속할 때마다 '또 늦겠지'라는 생각에 스트레스를 받는다. 실제로 제시간에 나타나지 않으면 '역시나' 하고 실망한다. 이런 경험이 반복되면 신뢰가 점점 무너진다. 반면 약속 시간을 정확히 지키거나 미리 나와서 기다려주는 사람에게는 자연스럽게 믿음이 쌓인다. 시간을 존중하는 것은 결국 사람을 존중하는 것이다. 그리고 이런 존중 위에 세워진 관계는 시간이 지날수록 더욱 단단해진다.

마지막으로 꼽을 습관은 인사를 잘하는 것이다. 인사는 상대를 존중한다는 기본적인 표현이다. 인사성이 밝아야 한다. 인사성이 밝다는 소리를 듣는 건 어렵지 않다. 인사를 '먼저' 건네면 된다. 출근길 승강기 안이나 직장 복도에서 상대보다 선수를 치면 된다. 그러기 위해서는 사람을 잘 알아봐야 한다. 인사는 단지 인사말을 건네는 데 그치지 않는다. 알은체를 하는 일이다. '아, 누구시죠' 하며 상대를 알아봐주는 것이다. 사람은 누구나 자신이 가장 귀하다. 누군가를 좋아하고 남을 높이는 심리의 기저에는 스스로 존중받고 싶은 마음이 있다. '저 사람을 안다', '저 사람을 좋아한다'라는 생각이 일방적이라는 사실을 확인하면 배신감을 느끼게 된다.

인사를 잘 건네는 것만큼 잘 받는 것도 중요하다. 누군가가 인사했을 때 건성으로 받지 않고, '아, 누구구나' 하며 이름을 불러주거나, 시간이 없으면 눈이라도 마주쳐야 한다. 좋은 인사성에는 인사 잘하기와 인사 잘 받기가 모두 포함돼 있음을 잊지 말자.

아이러니하게도 인사를 잘 안 받는 사람일수록 남이 자신에게 얼마나 인사를 잘하는지에 민감하다. 직장 초년생 시절, 인사를 해도 잘 안 받는 상사가 있었다. 인사를 해도 안 받으니, 나도 언제부턴가 그 사람을 보면 자연스럽게 고개를 돌리게 됐다. 그런데 그게 패착이었다. 그분이 '누구는 죽어도 인사를 안 한다'라며 동네방네 내 뒷담화를 하고 다닌 것이다. 그분은 말발도 세서 파급효과가 컸다. 한 동료가 내게 "너 그 사람한테 뭐 잘못한 것 있어?"라고 물을 정도였으니 말이다.

우리는 관계의 비밀을 거창한 곳에서 찾으려 하지만, 답은 의외로 가까운 데 있다. 상대의 시간을 존중하고, 감정에 공감하며, 진심을 담아 소통하려는 태도가 그 답이다. 오늘부터 작은 습관을 하나씩 정해 시작해보자. 그 작은 변화가 모여 관계라는 이름의 아름다운 기적을 만들어낼 것이다. 벽돌 하나하나가 튼튼한 집을 만들듯이, 소소한 예의 하나하나가 평생 갈 소중한 인연을 쌓아갈 것이다.

다름을 견디는 힘이 관계를 완성한다

아내와 결혼한 지도 어느덧 36년이 넘었다. 아내와는 대화가 잘되는 편이다. 대화가 '잘된다'는 의미는 뭘까. 대화를 많이 한다는 뜻일까? 대화 내용이 살갑다는 말일까? 아니다. 맥락을 공유한다는 뜻이다. 말이 통한다는 의미다. 아내와 나에게는 공통의 주제와 관심사가 있다. 아내는 내가 말하지 않은 것까지 알아듣는다. 설명하지 않아도 맥락을 이해한다. 개떡같이 말해도 찰떡같이 알아먹는다.

처음부터 그렇진 않았다. 무엇보다 서로의 말을 귀담아듣지 않았다. 아내는 내가 무슨 말을 하면 "알아, 알아" 하며 말을 끊기 일쑤였다. 나는 말을 하고 싶은데 아내는 그렇지 않았다. 나는 위로받고 싶은데 아내는 "뭘 그딴 걸 갖고 그래?"라고 했다. 나는 공감을 원하는데 "나도 힘들어. 내 얘기 해봐?" 하며 시큰둥하게 반응했다.

둘 사이 대화가 자연스러워진 것은 서로의 말에서 가식이 사라지고부터다. 웬만큼 같이 살다 보니 꾸밀 필요가 없어졌다. 꾸며도 소용이 없다는 걸 알게 됐다. 따라서 자기 말을 검열하지 않게 됐고, 상대 말을 판단하는 버릇도 없어졌다. 그러면서 말문이 트였다.

우리는 또한 거절에 얽매이지 않는다. 살다 보면 거절당할까 봐, 거절하면 상대가 불편해할까 봐 할 말을 못 하는 경우가 많다. 하지만 우리 부부는 기탄없이 거절한다. 굳이 이유를 댈 필요도 없다. 싫으면 싫다고 한다. 거절을 당해도 기분 나쁘지 않다. 그것이 일상이기 때문이다.

아내와 나 사이에는 침묵이 어색하지 않다. 말해야 한다는 부담이 없다. 말하지 않아도 '무슨 서운한 게 있나?', '내게 불만이 있어서 저러나?' 같은 생각으로 넘겨짚지 않는다. 라디오 방송을 진행하다 보면 대화가 이어지지 않고 중간에 정적이 흐르는 경우가 있다. 일종의 '방송사고'다. 하지만 아내와는 이 정적이 기본값이다. 항상 상냥함을 유지하는 건 피곤한 일이다. 서로에게 다정함에 대한 기대도 없다. 그 대신 침묵으로 말한다.

아내와 나는 같은 일을 하며 대부분의 시간을 보낸다. 내가 강의하는 동안 아내는 근처 카페에서 내가 쓴 글을 검토해주거나 강의하는 데서 요구하는 업무를 처리한다. 아내와 산책하거나 차를 타고 이동할 때도 대화의 주제는 대부분 글쓰기, 말하기, 소통, 리더십 등 내가 강의하는 내용과 관련한 것들이다. 내가 늘 아내의 생각을 묻기 때문이다.

이 모두가 다름을 인정한 결과다. 너무 다른 두 사람이 만나 조율하고 타협하고 절충하고 합의한 소산물이다. 다름에 적응하는 데 30여 년이 걸렸다.

● ○

우리는 낯선 사람보다는 닮은 사람을 좋아한다. 말이 잘 통하고 취향이 비슷하고 생각이 닮은, '내 편'이란 믿음을 주는 사람을 만났을 때 편안함을 느낀다. 말이 쉽지 다름을 받아들이기는 쉽지 않다. 사람은 누구나 다름에 거부 반응을 일으킨다. 다름은 낯선 것이고, 낯선 건 두렵기 때문이다.

인간관계는 결국 다름을 어떻게 다루느냐의 문제다. 직장에서, 가족과 친구 관계에서 생기는 대부분의 오해와 불신은 다름에서 비롯한다. 아내가 자주 하는 말이 있다.

> "내가 그런 사람인 줄 몰랐어? 그럼 이제라도 똑똑히 알아줬으면 좋겠어."

갈등은 저마다 다른 욕구, 관점, 의견, 취향, 성향, 이해가 충돌할 때 일어난다. '그 사람은 원래 그런 사람이야'라고 받아들이면 갈등할 이유가 별로 없다. 상대와 나의 다름을 인정하면 갈등 상황에서 벗어날 수 있다.

내 경험에 비추어보면 관계에서 오는 갈등을 해결하는 방법은 세 가지밖에 없다. 상대에게 내가 맞추거나, 상대방을 내게 맞추거나, 만나지 않거나. 사실 세 번째는 방법이라고 하기 어렵다. 그러면 첫 번째와 두 번째 방법이 남는데, 상대를 내게 맞추기는 참으로 어려운 일이다. 그렇다면 내가 상대에게 맞춰야 한다. 그건 상대의 다름을 품어야 가능한 일이다. '그럴 수도 있겠구나' 하며 상대를 인정하고 다름을 있는 그대로 두는 것, 그게 바로 관계의 여백을 만든다. 여백이 없는 관계는 언제든 부딪힐 수 있고, 부딪히면 쉽게 부서진다. 하지만 여백이 있는 관계는 충돌해도 다시 회복된다.

● ○

'차이'와 '다름'은 동의어가 아니다. 차이는 사실의 영역이고, 다름은 태도의 영역이다. 차이는 객관적 구분이고, 다름은 주관적 인식이다. 차이는 극복해야 할 대상이고, 다름은 관용해야 할 상대다. 나는 나와 차이 나는 사람을 수없이 만났다. 아는 것에서, 가진 것에서, 지위와 권력 면에서, 그리고 인격적으로 나보다 우월하고 우위에 있는 사람을 많이 만났다. 그런 사람을 만나면 주눅 들고 열등감을 느꼈으며, 시기와 질투의 감정도 올라왔다. 그만큼 차이는 불편했다. 하지만 이는 내가 노력해서 돌파해야 하는 엄연한 현실이었다. 나는 차이 나는 상대를 만날수록 성장했다. 내게는 차이를 인정하는 것이 바로 성장의 과정이었다.

다름을 인정하는 건 관대함이 아니라 성숙이다. 성숙은 하루아침에 얻어지지 않는다. 여러 번의 오해와 불편, 충돌을 통과해야만 생긴다. 그저 견디고 받아들여야 한다. "너는 나와 다르구나"라는 말은 상대를 밀어내는 말이 아니라 그 사람을 있는 그대로 받아들인다는 선언이다.

살다 보면 '도저히 이해가 안 돼. 어떻게 저런 생각을 하지?' 싶은 사람을 만나기도 한다. 정치적 견해가 다를 수도 있고, 일하는 방식이나 감정 표현이 다를 수도 있다. 나와 너무 달라서 이해하기 어렵고, 불쾌한 수준을 넘어 분노가 일어나기까지 한다. 그럴 때 우리는 흔히 '저 사람은 틀렸다'라고 단정 짓는다.

다름을 인정하는 건 쉽지 않다. 머리로는 알아도 마음이 따라주지 않는다. 내 이익과 입장을 지키면서 상대를 받아들여야 하기 때문이다. 다름을 인정하는 사회가 되기 위해서는 학교에서부터 다양성 존중 교육을 강화해야 한다. 사회적으로 정보를 투명하게 공개하고 공유함으로써 편견과 혐오가 발붙이지 못하게 해야 한다. 차별을 철폐하는 정책도 필요하다. 무엇보다 개개인이 누군가가 낯선 행동을 할 때 즉각 판단하지 않고 '나와 다르지만, 그래도 괜찮다'라고 관용하는 습관을 길러야 한다.

결혼 초기에는 외출할 때마다 아내와 티격태격하기 일쑤였다. 아내는 "잠깐만, 지금 내려가" 하며 시간을 끌기 일쑤였고, 나는 그런 아내를 주차장에서 하염없이 기다렸다. 그런데 어느 날 아내가 "집을 나서려 하면 뭔가 빠트린 것 같아 다시 확인하게 돼"라고 말했다. 그 말을 듣고서 깨달았다. 아내는 게으름을 피우는 게 아니었다. 기다리는 나를 무시해서도 아니었다. 책임감이 강한 사람이어서 그랬다. 다름을 인정하자

아내에게 화낼 일이 없어졌다.

다름을 받아들이는 것을 두고 심리학의 거두인 카를 융Carl Jung은 이렇게 말했다.

> "다른 사람을 있는 그대로 받아들이는 것이 성숙의 시작이다. 인간관계의 성숙은 다름으로 차별하지 않는 데서 완성된다."

다름은 우리를 확장한다. 똑같은 사람들 사이에선 배움이 일어날 수 없다. 나와 다른 의견, 다른 취향, 다른 세계를 접할 때 우리는 넓어진다. 인간관계의 성숙 또한 닮은 데서 오는 친밀함이 아니라 다름을 견디는 힘에서 비롯한다. 내가 옳다고 믿는 세상 밖에도 얼마든지 다른 세상이 있을 수 있다는 걸 인정하는 순간 우리의 세계는 확장되고, 우리는 공존할 수 있으며, 우리의 관계가 편안해진다.

나이 들수록 느낀다. 인간관계란 결국 비슷한 사람을 찾는 일을 넘어 다른 사람과도 함께할 힘을 기르는 과정이라는 걸 말이다. 다름을 인정할 줄 아는 사람이야말로 늘 새로운 관계를 만들고, 세상과 연결된 채로 살아갈 수 있다. 다름을 인정하는 용기, 그게 어른의 관계다.

다름은 우리를 확장한다.
똑같은 사람들 사이에선 배움이 일어날 수 없다.

사람은 사람으로 깊어진다

신영복 선생은 평생 '학생'이었다. 부산상고와 서울대 경제학과, 동 대학원을 졸업하기까지 25년, 감옥에서 20년, 성공회대 교수로 25년간 학교에 다녔다. 부친이 초등학교 교사여서 어린 시절을 학교 관사에서 살았고, 스스로 '인간학 교실'이라고 말하는 교도소에서 젊은 시절을 보낸 후, 성공회대 교수를 끝으로 2016년 세상을 떠났다.

선생은 자신이 평생 배우는 사람이었다고 말했다. 특히 교도소에서 누구도 경험할 수 없는 값진 배움을 얻었다고 한다. 돌아가시기 전 마지막으로 펴낸 『담론』에는 교도소에서 만난 청년의 이야기가 나온다. 소년가장이었던 그는 가족을 먹여 살리기 위해 피를 팔았다. 피를 뽑으러 갈 때면 마치 소를 팔기 전에 물을 많이 먹이는 것처럼 찬물을 가득 들이켰다. 피를 조금이라도 더 팔기 위해서였다. 그러면서도 양심의 가책을 받지 않았다고 청년은 거듭 강조했다. 물을 많이 마신다고 피가 묽어지지는 않으니 수혈받는 사람에게는 문제가 되지 않는다고 설명해주어도 그는 수긍하지 않았다.

신영복 선생은 '양심의 가책을 받지 않았다'는 청년의 고집이 실은 '아직까지도 양심의 가책을 받는다'를 반어적으로 표현한 것임을 알아챘다. 그런 그가 얼마나 양심적인지 생각하며 선생은 마음 아파했고, 그를 '양심적인 사람'으로 기억 속에 품었다.

그곳에서 선생은 늙은 목수도 만났다. 그는 집을 그릴 때 주춧돌을 먼저 놓고 기둥을 세운 후, 마지막에 지붕을 얹었다. 그런데 신영복 선생은 평생 지붕부터 그렸다. 지붕을 먼저 지을 수 있는 집은 세상 어디에도 없는데 말이다. 손발로 집을 지어본 적이 없는, 그저 머리로만 평생을 살아온 자신이 부끄러웠다.

보고 배우는 것은 두 갈래다. 본받거나 본뜨거나. 이런 배움은 관계 속에서 가능하다. 나는 새로운 사람을 만날 때마다 그에게서 한 가지는 본받으려고 한다. 지금까지 만난 사람 중 그 하나가 없는 사람은 단 한 명도 없었다. 또한 모든 사람은 본뜨고 싶은 것도 갖고 있다. 본받기가 그 사람처럼 되고 싶은 '지향'에 해당한다면, 본뜨기는 그 사람같이 하고 싶은 '지침' 같은 것이다. 나는 누군가의 생활이나 행동 따위를 흉내 내는 것으로 배운다. 예를 들어 누구처럼 글을 쓰고 싶으면 그의 글을 반복해서 읽었다. 이를 통해 그를 본받고 그의 글솜씨를 본떴다.

● ○

라디오 인터뷰 프로그램을 진행하며 출연자들에게 배운 게 참 많다. 무엇보다 인생이 생각보다 길다는 사실을 배웠다. 삶은 질기다. 금세 끝날 것 같지만 쉽게 끝나지 않는다. 인생에서 늦은 때란 없다. 나는 신영복 선생이 감옥에서 나왔다는 뉴스를 접하고, 그의 책 『감옥으로부터의 사색』을 읽으면서 이분은 얼마나 억울하고 분할까 생각했다. 아무런 죄도 없이 감옥에서 청춘을 통째로 보냈으니 말이다. 그런데 나중에 지켜보니 감옥에서 나온 그 시점이 그분 인생의 출발점이었다. 선생의 삶은 그때부터 꽃을 피우고 열매를 맺었다. 다

끝났다고 생각한 때가 시작이었던 것이다.

인터뷰 프로그램을 하면서 눈을 뜬 또 하나는, 위기가 언제든 닥칠 수 있다는 사실이다. 위기를 얼마나 지혜롭게 넘기느냐에 따라 인생의 성패가 판가름 난다. 누구에게나 시련과 고난의 때가 오는데, 진짜 위험에 빠지느냐 아니면 전화위복의 기회가 되느냐는 전적으로 위기를 대하는 자세와 생각에 달렸다. 극복하지 못할 위기는 없다. 반드시 벗어날 길이 있다. 지금 자신이 위기에 빠졌다고 생각한다면, 벗어날 길을 아직 찾아내지 못했을 뿐이다.

인생에 위기가 닥쳤을 때 나는 네 가지 방법으로 극복해나가곤 한다.

첫 번째는 초기화 또는 재설정이다. TV나 컴퓨터가 고장 났을 때 전원을 껐다가 다시 켜듯, 실패나 낭패를 당했을 때 리셋하는 것이다. 글을 쓸 때도 마구 엉켜서 진도가 나가지 않는 경우가 있다. 어떻게든 고쳐보려고 애쓰지만 돌파구가 만들어지지 않는다. 이럴 때 나는 처음부터 다시 쓴다. 그것이 오히려 빠른 길이다. 아파트를 리모델링하는 것보다 아예 재건축하는 게 나은 것처럼.

두 번째는 국면 전환이다. 오던 길을 계속 가는 게 아니라 방향을 바꾸거나 다른 일을 시도하는 것이다. 나는 글을 쓰다가 막히면 뚫고 가려고 안간힘을 쓰지 않는다. 그때는 다른 일을 한다. 그러다 다시 글쓰기로 돌아오면 막혔던 부분이 의외로 시원하게 뚫리기도 한다. 정면승부만이 능사는 아니라고 생각한다. 우회하는 것도 방법이다.

세 번째는 초심으로 돌아가기다. 신영복 선생이 늘 얘기했듯이 '처음처럼' 다시 시작하는 것이다. 우리에게는 미숙했지만 설렜던 처음이 있다. 새해 첫날, 첫 등교, 첫사랑, 첫 출근, 신혼의 첫 출발. 그때를 생각하면 나는 늘 힘이 샘솟고 희망이 보인다.

네 번째는 함께하기다. 나와 같은 어려움을 이미 겪은 사람을 찾아가 조언을 구하고, 나보다 더 큰 어려움을 겪고 있는 사람을 보며 용기를 얻고, 나를 도와줄 사람에게 손을 내미는 것이다. 더는 어찌해볼 수 없다는 생각이 들 때, 누군가가 내밀어준 손이 다시 살아볼 용기를 준다. '나 혼자가 아니다'라는 느낌이 삶을 지속하게 하는 희망이 된다.

● ○

신영복 선생은 『감옥으로부터의 사색』에 세상에서 가장 먼 여행이 머리에서 가슴을 거쳐 손발로 가는 여정이라고 썼다.

"머리 좋은 것이 마음 좋은 것만 못하고, 마음 좋은 것이 손 좋은 것만 못하고, 손 좋은 것이 발 좋은 것만 못한 법입니다."

관찰보다는 애정이, 애정보다는 실천이, 실천보다는 관계가 더 중요하다는 뜻이다.

그런데 관계에서, 사람에게 배우려 할 때 불쑥 튀어나오는 걸림돌들이 있다. 하나는 싫어하는 사람에게 배워야 하는 경우다. 좋아하지 않는 사람에게 배우는 건 힘들다. 하지만 아무리 싫은 사람도 그 사람을 알려고 노력하면 충분히 알 수 있고, 알면 이해가 된다. 모르기 때문에 이해되지 않고, 그래서 싫은 것이다. 싫어하는 사람도 알게 되면 얼마든지 배울 수 있다.

또 다른 걸림돌은 도저히 본받거나 본뜨기 어려울 만큼 수준 높은 사람을 만나는 경우다. 그럴 땐 '나는 아무리 노력해도 저 사람처럼 될 수 없어'라는 생각이 든다. 내 경험으로는 이 또한 문제가 안 된다. 처음부터 그렇게 '넘사벽'인 사람은 없거니와, 제아무리 출중한 사람도 알고 보면 여느 사람과 크게 다르지 않다. 나는 이 사실을 살아오면서 깨달았다. 내가 보기에 뛰어난 사람도 처음은 미미했고, 누구나 노력하면 '그 사람'처럼 될 수 있다. 이 세상에 넘지 못할 벽은 없다.

관계 안에서 느끼는 열등감이나 우월감, 시기심 같은 감정도 걸림돌이다. 물론 이런 감정에 실리가 전혀 없는 건 아니다. 열등감은 사람을 겸손해지게 하고, 시기심은 분투하게 한다. 아무런 실속도 없는 게 우월감이다. 우월감은 나태해지게 한다. 그래서 배움에 소홀해지고 발전이 없다. 사람에게서 배우는 걸 방해한다. 나는 잘난 사람에 대한 콤플렉스가 심한 편이지만, 늘 그들에게 배운다. 배움을 통해 그들처럼 되는 걸 꿈꾼다.

나는 일생 동안 배우는 사람이고 싶다. 상대를 가리지 않고 이 사람 저 사람과 어울려 사랑하는 법을 배우고 행복해지는 길도 찾고 싶다. 무엇보다 타인을 통해 더 깊어지고 더 넓어지고 싶다. 내가 만나는 모든 사람은 인생의 스승이요, 그 한 사람 한 사람은 세월의 더께가 켜켜이 쌓인 장대한 교과서다. 죽는 순간까지 사람에게 배우는 공부를 이어가고 싶다.

내가 만나는 모든 사람은 인생의 스승이요,
그 한 사람 한 사람은 세월의 더께가
켜켜이 쌓인 장대한 교과서다.
죽는 순간까지 사람에게 배우는 공부를 이어가고 싶다.

다시, 사람을 배웁니다

초판 1쇄 발행 2025년 12월 29일
초판 2쇄 발행 2026년 2월 5일

지은이 강원국

발행인 윤승현 **단행본사업본부장** 신동해
편집장 정다이 **책임편집** 김윤하
디자인 엄혜리 **교정교열** 공순례
마케팅 최혜진 강효경 **홍보** 송임선
제작 정석훈

브랜드 웅진지식하우스
주소 경기도 파주시 회동길 20
문의전화 031-956-7366(편집) 031-956-7088(마케팅)
홈페이지 www.wjbooks.co.kr
인스타그램 www.instagram.com/woongjin_readers
페이스북 www.facebook.com/woongjinreaders
블로그 blog.naver.com/wj_booking

발행처 ㈜웅진씽크빅
출판신고 1980년 3월 29일 제406-2007-000046호

ISBN 978-89-01-29923-5 (03190)

* 웅진지식하우스는 ㈜웅진씽크빅 단행본사업본부의 브랜드입니다.